AF234955

Impressum
Verlag: BABADADA GmbH, Nedderfeld 112 , 22529 Hamburg
Geschäftsführer / Verlagsleitung: Harald Hof
Druck: Books on Demand GmbH, In de Tarpen 42, 22848 Norderstedt

Imprint
Publisher: BABADADA GmbH, Nedderfeld 112 , 22529 Hamburg, Germany
Managing Director / Publishing direction: Harald Hof
Print: Books on Demand GmbH, In de Tarpen 42, 22848 Norderstedt, Germany

Schule
mokykla

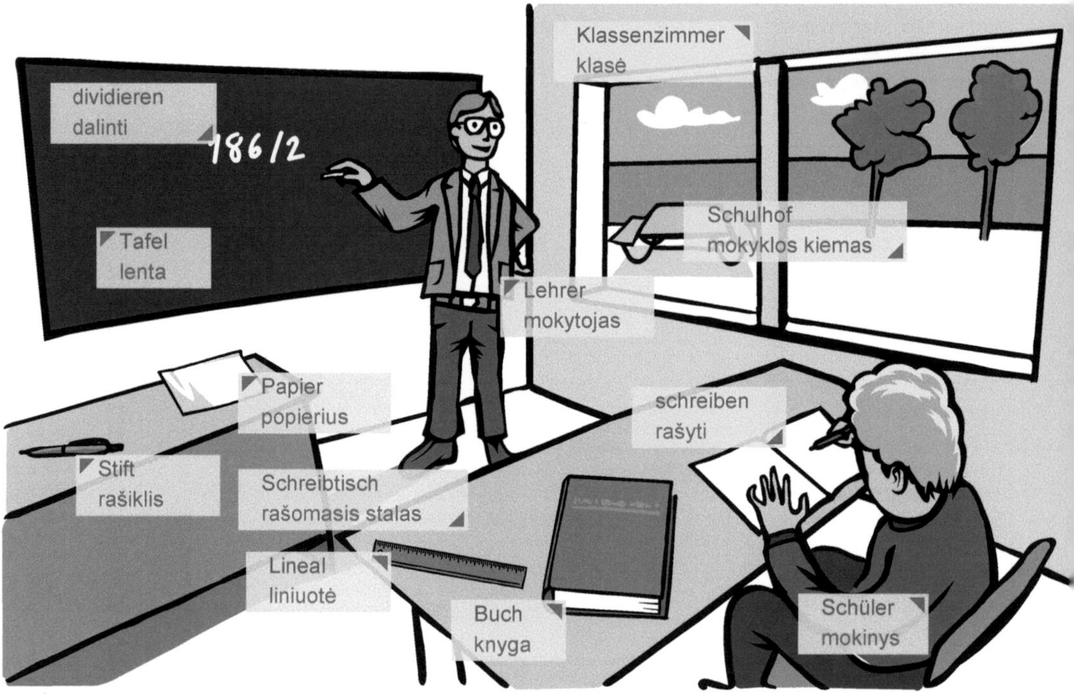

Klassenzimmer
klasė
dividieren
dalinti
186/2
Tafel
lenta
Schulhof
mokyklos kiemas
Lehrer
mokytojas
Papier
popierius
schreiben
rašyti
Stift
rašiklis
Schreibtisch
rašomasis stalas
Lineal
liniuotė
Buch
knyga
Schüler
mokinys

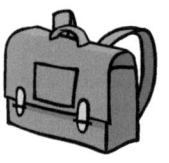

Schultasche

kuprinė

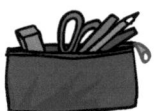

Federmappe

penalas

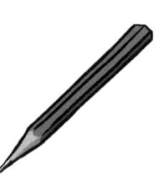

Bleistift

pieštukas

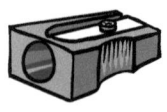

Bleistiftspitzer

drožtukas

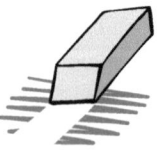

Radierer

trintukas

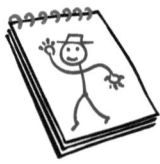

Zeichenblock

piešimo bloknotas

Zeichnung

piešinys

Pinsel

teptukas

Malkasten

dažų dėžutė

Schere

žirklės

Klebstoff

klijai

Übungsheft

vadovėlis

Hausübung

namų darbai

12

Zahl

numeris

2+2

addieren

pridėti

5-2

subtrahieren

atimti

2×2

multiplizieren

dauginti

rechnen

skaičiuoti

A

Buchstabe

raidė

ABCDEFG
HIJKLMN
OPQRSTU
VWXYZ

Alphabet

abėcėlė

hello

Wort

žodis

Text

tekstas

lesen

skaityti

Kreide

kreida

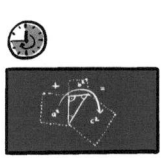

Unterrichtsstunde

pamoka

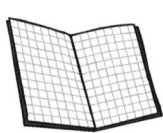

Klassenbuch

dienynas

Prüfung

egzaminas

Zeugnis

pažymėjimas

Schuluniform

mokyklinė uniforma

Ausbildung

išsilavinimas

Lexikon

enciklopedija

Universität

universitetas

Mikroskop

mikroskopas

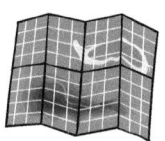

Karte

žemėlapis

Papierkorb

šiukšliadėžė

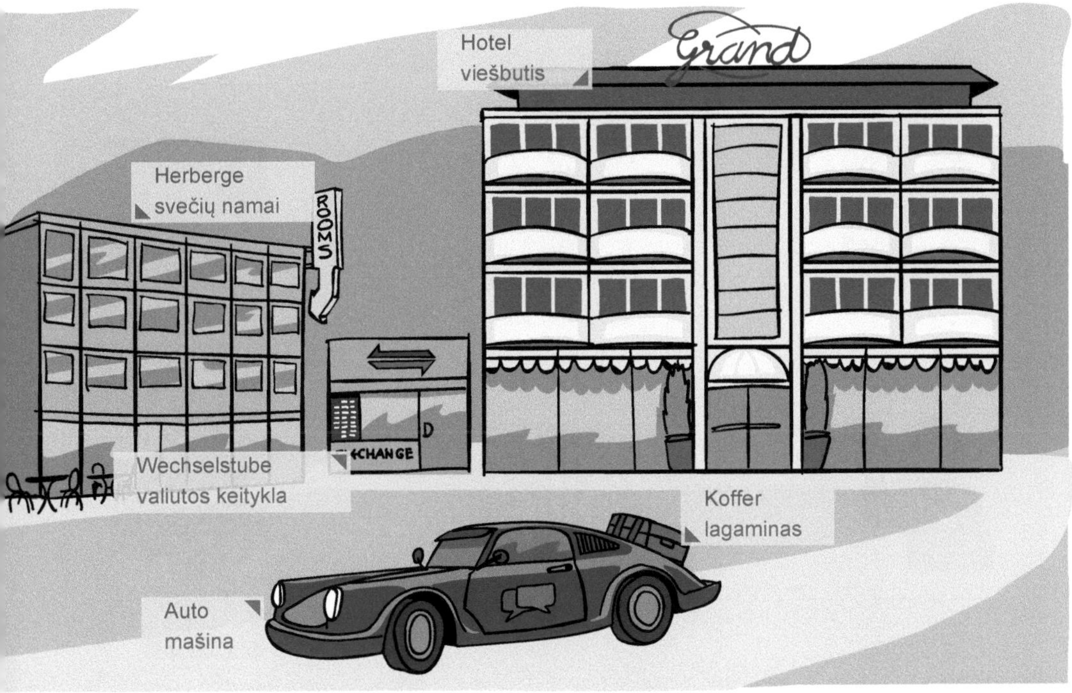
Hotel
viešbutis
Grand
Herberge
svečių namai
ROOMS
Wechselstube
valiutos keitykla
EXCHANGE
Koffer
lagaminas
Auto
mašina

Sprache
kalba

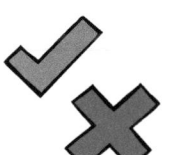

ja / nein
taip / ne

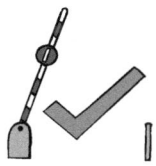

Okay
Gerai

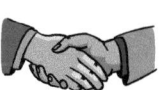

Hallo
sveiki

Dolmetscherin
vertėjas raštu

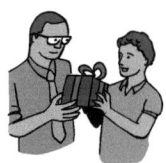

Danke
Ačiū

Wie viel kostet …?

kiek kainuoja…?

Ich verstehe nicht.

aš nesuprantu

Problem

problema

Guten Abend!

Labas vakaras!

Guten Morgen!

Labas rytas!

Gute Nacht!

Labos nakties!

Auf Wiederschaun!

viso gero

Richtung

kryptis

Gepäck

bagažas

Tasche

krepšys

Rucksack

kuprinė

Gast

svečias

Zimmer

kambarys

Schlafsack

miegmaišis

Zelt

palapinė

Touristeninformation

turizmo informacija

Strand

paplūdimys

Kreditkarte

kreditinė kortelė

Frühstück

pusryčiai

Mittagessen

pietūs

Abendessen

vakarienė

Fahrkarte

bilietas

Lift

liftas

Briefmarke

pašto ženklas

Grenze

siena

Zoll

muitinė

Botschaft

ambasada

Visum

viza

Pass

pasas

Reise - kelionė

Transport
transportas

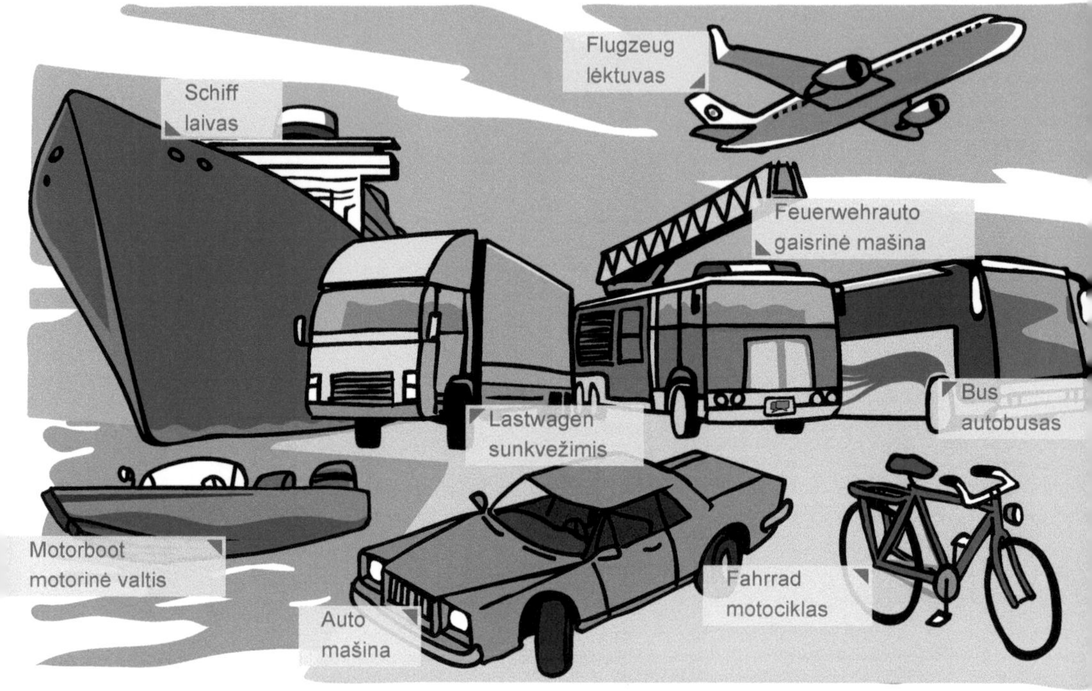

Flugzeug
lėktuvas
Schiff
laivas
Feuerwehrauto
gaisrinė mašina
Bus
autobusas
Lastwagen
sunkvežimis
Motorboot
motorinė valtis
Fahrrad
motociklas
Auto
mašina

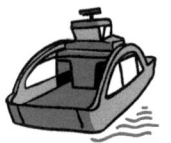

Fähre

keltas

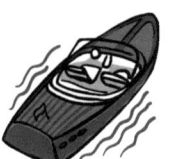

Boot

valtis

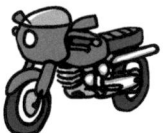

Motorrad

mopedas

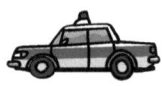

Polizeiauto

policijos automobilis

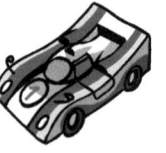

Rennauto

lenktyninis automobilis

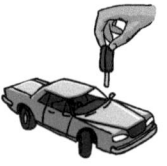

Mietwagen

nuomojamas automobilis

Carsharing

bendras automobilio
naudojimas

Abschleppwagen

techninės pagalbos
automobilis

Müllwagen

šiukšliavežė

Motor

variklis

Kraftstoff

degalai

Tankstelle

degalinė

Verkehrsschild

kelio ženklas

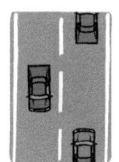

Verkehr

eismas

Stau

eismo spūstis

Parkplatz

mašinų stovėjimo aikštelė

Bahnhof

traukinių stotis

Schienen

bėgiai

Zug

traukinys

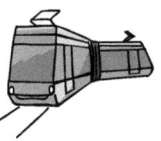

Straßenbahn

tramvajus

Wagon

vagonas

Hubschrauber

sraigtasparnis

Flughafen

oro uostas

Tower

bokštas

Passagier

keleivis

Container

konteineris

Karton

dėžė

Rollwagen

vežimėlis

Korb

krepšys

starten / landen

pakilti / nusileisti

Stadt

miestas

Dorf

kaimas

Stadtzentrum

miesto centras

Haus

namas

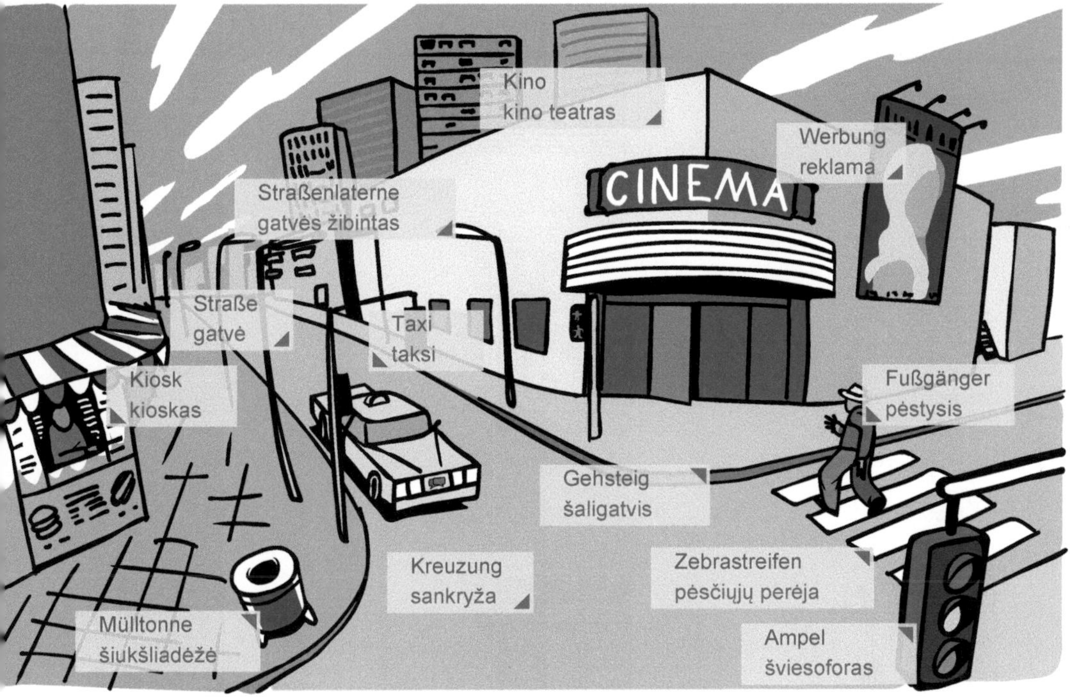

Kino
kino teatras

Werbung
reklama

Straßenlaterne
gatvės žibintas

CINEMA

Straße
gatvė

Taxi
taksi

Kiosk
kioskas

Fußgänger
pėstysis

Gehsteig
šaligatvis

Kreuzung
sankryža

Zebrastreifen
pėsčiųjų perėja

Mülltonne
šiukšliadėžė

Ampel
šviesoforas

Hütte
trobelė

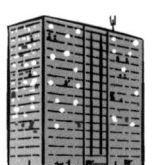

Wohnung
butas

Bahnhof
traukinių stotis

Rathaus
rotušė

Museum
muziejus

Schule
mokykla

Universität

universitetas

Bank

bankas

Spital

ligoninė

Hotel

viešbutis

Apotheke

vaistinė

Büro

biuras

Buchhandlung

knygynas

Geschäft

parduotuvė

Blumenladen

gėlių parduotuvė

Supermarkt

prekybos centras

Markt

turgus

Kaufhaus

universalinė parduotuvė

Fischhändler

žuvies parduotuvė

Einkaufszentrum

prekybos centras

Hafen

uostas

Stadt - miestas

Park
....
parkas

Bank
....
suoliukas

Brücke
....
tiltas

Stiege
....
laiptai

U-Bahn
....
metro

Tunnel
....
tunelis

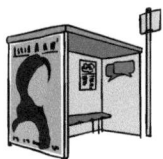

Bushaltestelle
....
autobusų stotelė

Bar
....
baras

Restaurant
....
restoranas

Briefkasten
....
lauko pašto dėžutė

Straßenschild
....
kelio ženklas

Parkuhr
....
parkomatas

Zoo
....
zoologijos sodas

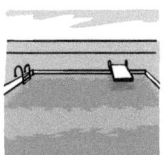

Badeanstalt
....
baseinas

Moschee
....
mečetė

Bauernhof

ūkininko ūkis

Umweltverschmutzung

tarša

Friedhof

kapinės

Kirche

bažnyčia

Spielplatz

žaidimų aikštelė

Tempel

šventykla

Landschaft

kraštovaizdis

Blatt
lapas

Wegweiser
kelio rodyklė

Weg
kelias

Wiese
pieva

Stein
akmuo

Baum
medis

Wanderer
ėjikas

Fluss
upė

Gras
žolė

Blume
gėlė

Tal

slėnis

Hügel

kalva

See

ežeras

Wald

miškas

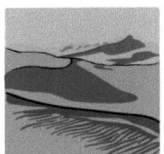

Wüste

dykuma

Vulkan

ugnikalnis

Schloss

pilis

Regenbogen

vaivorykštė

Pilz

grybas

Palme

palmė

Moskito

uodas

Fliege

musė

Ameise

skruzdėlė

Biene

bitė

Spinne

voras

Käfer

vabalas

Frosch

varlė

Eichhörnchen

voverė

Igel

ežys

Hase

kiškis

Eule

pelėda

Vogel

paukštis

Schwan

gulbė

Wildschwein

šernas

Hirsch

elnias

Elch

briedis

Staudamm

užtvanka

Windrad

vėjo jėgainė

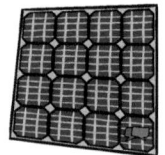

Solarmodul

saulės baterija

Klima

klimatas

Restaurant
restoranas

Kellner
padavėjas
Speisekarte
meniu
Sessel
kėdė
Suppe
sriuba
Pizza
pica
Besteck
stalo įrankiai
Tischdecke
staltiesė

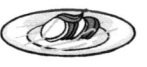

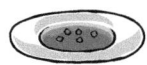

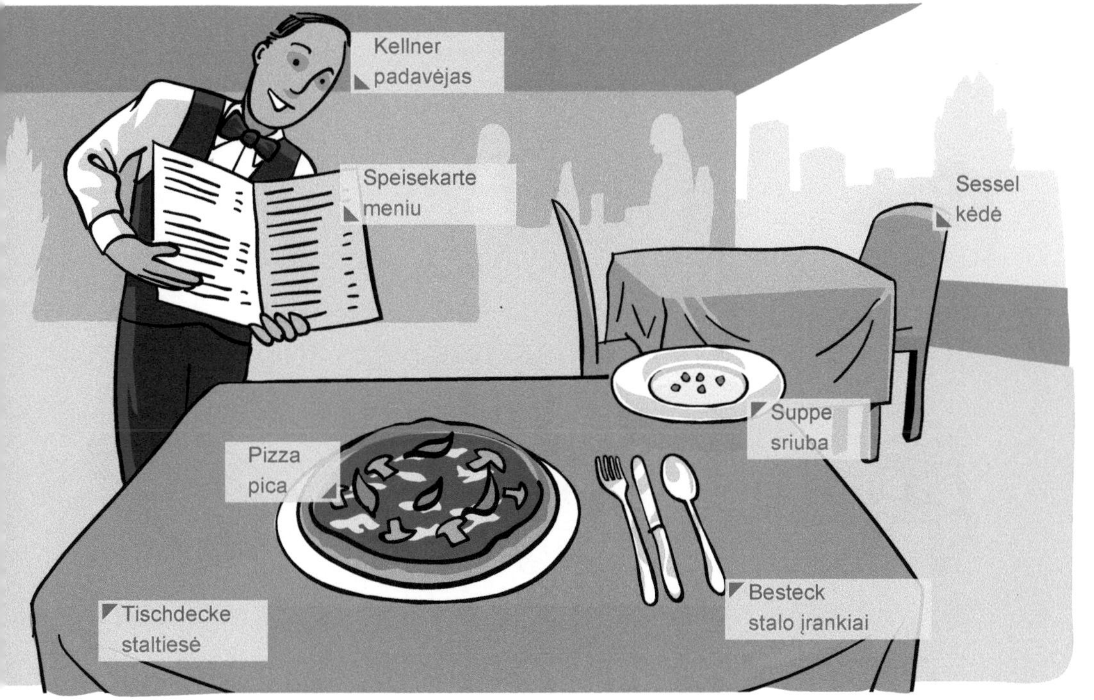

Vorspeise

užkandis

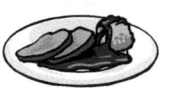

Hauptgericht

pagrindinis patiekalas

Nachspeise

desertas

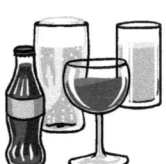

Getränke

gėrimai

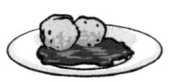

Essen

maistas

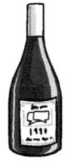

Flasche

butelis

Fastfood

greitai pateikiamas maistas

Streetfood

gatvės maistas

Teekanne

arbatinukas

Zuckerdose

cukrinė

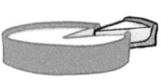

Portion

porcija

Espressomaschine

espreso aparatas

Kinderstuhl

aukšta kėdė

Rechnung

sąskaita

Tablett

padėklas

Messer

peilis

Gabel

šakutė

Löffel

šaukštas

Teelöffel

arbatinis šaukštelis

Serviette

servetėlė

Glas

stiklinė

Teller

lėkštė

Suppenteller

sriubos lėkštė

Untertasse

padėklas

Sauce

padažas

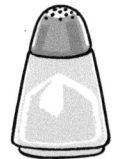

Salzstreuer

druskinė

Pfeffermühle

pipirų malūnėlis

Essig

actas

Öl

aliejus

Gewürze

prieskoniai

Ketchup

kečupas

Senf

garstyčios

Mayonnaise

majonezas

Supermarkt
prekybos centras

Angebot
specialus pasiūlymas
Kunde
pirkėjas
FOR
Milchprodukte
pieno produktai
Obst
vaisiai
Einkaufswagen
troleibusas

BUTCHERS

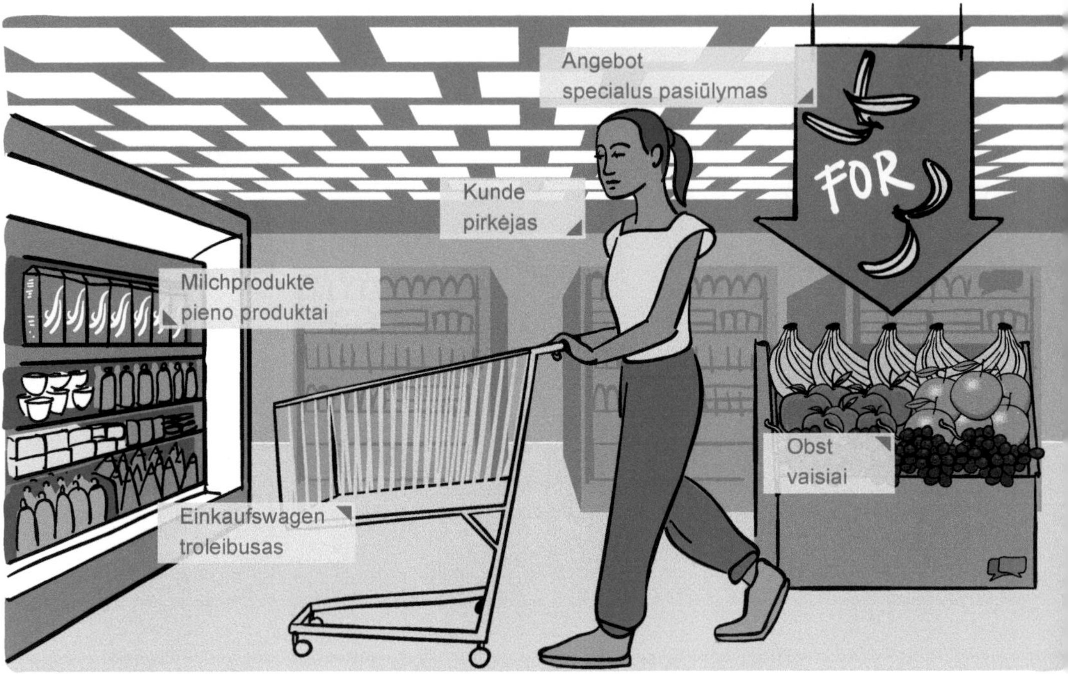

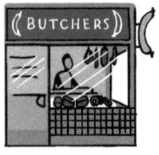

Schlachterei

mėsos parduotuvė

BAKERY

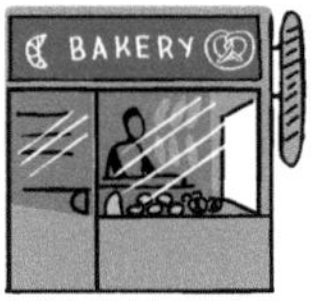

Bäckerei

kepykla

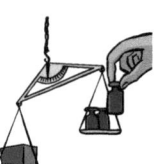

wiegen

sverti

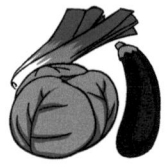

Gemüse

daržovės

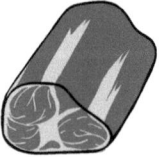

Fleisch

mėsa

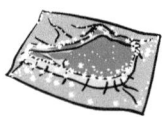

Tiefkühlkost

šaldytas maistas

Aufschnitt

šalti mėsos užkandžiai

Konserven

konservai

Waschmittel

skalbimo milteliai

Süßigkeiten

saldumynai

Haushaltsartikel

ūkinės prekės

Reinigungsmittel

valymo priemonės

Verkäuferin

pardavėja

Kassa

kasos aparatas

Kassiererin

kasininkas

Einkaufsliste

pirkinių sąrašas

Öffnungszeiten

darbo valandos

Brieftasche

piniginė

Kreditkarte

kreditinė kortelė

Tasche

maišelis

Plastiktüte

plastikinis maišelis

Wasser

vanduo

Saft

sultys

Milch

pienas

Cola

kola

Wein

vynas

Bier

alus

Alkohol

alkoholis

Kakao

kakava

Tee

arbata

Kaffee

kava

Espresso

espresas

Cappuccino

kapučinas

Banane

bananas

Apfel

obuolys

Orange

apelsinas

Melone

arbūzas

Zitrone

citrina

Karotte

morka

Knoblauch

česnakas

Bambus

bambukas

Zwiebel

svogūnas

Pilz

grybas

Nüsse

riešutai

Nudeln

makaronai

Spaghetti

spagečiai

Reis

ryžiai

Salat

salotos

Pommes frites

traškučiai

Bratkartoffeln

keptos bulvės

Pizza

pica

Hamburger

mėsainis

Sandwich

sumuštinis

Schnitzel

pjausnys

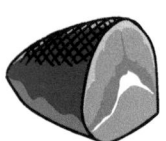

Schinken

kumpis

Salami

saliamis

Wurst

dešrelė

Huhn

vištiena

Braten

kepsnys

Fisch

žuvis

Haferflocken	Müsli	Cornflakes
avižų dribsniai	dribsniai su priedais	kukurūzų dribsniai

Mehl	Croissant	Semmel
miltai	prancūziškasis ragelis	bandelė

Brot	Toast	Kekse
duona	skrebutis	sausainiai
		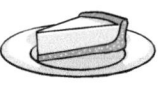
Butter	Topfen	Kuchen
sviestas	varškė	tortas
		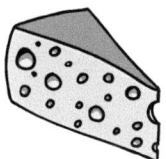
Ei	Spiegelei	Käse
kiaušinis	kiaušinienė	sūris

Eiscreme

ledai

Zucker

cukrus

Honig

medus

Marmelade

uogienė

Schokoladenaufstrich

tepamas šokoladas

Curry

karis

Bauernhof
ūkininko ūkis

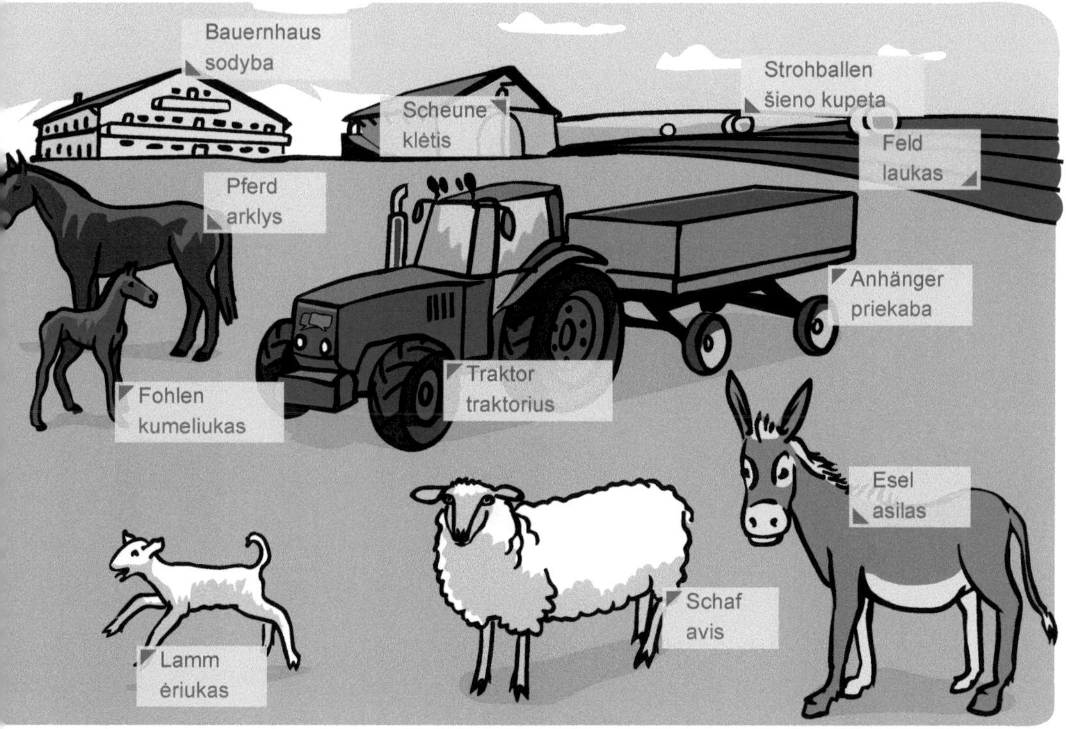
Bauernhaus
sodyba
Scheune
klėtis
Strohballen
šieno kupeta
Feld
laukas
Pferd
arklys
Anhänger
priekaba
Fohlen
kumeliukas
Traktor
traktorius
Esel
asilas
Schaf
avis
Lamm
ėriukas

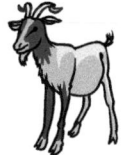

Ziege
ožys

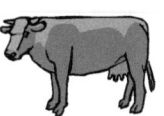

Kuh
karvė

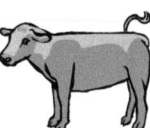

Kalb
veršis

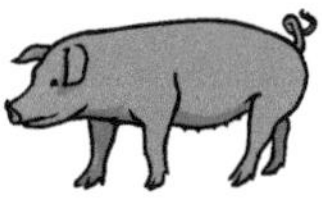

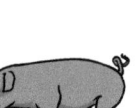

Schwein
kiaulė

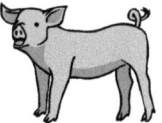

Ferkel
paršelis

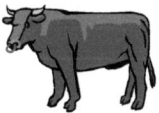

Stier
bulius

Gans

žąsis

Ente

antis

Küken

viščiukas

Huhn

višta

Hahn

gaidys

Ratte

žiurkė

Katze

katė

Maus

pelė

Ochse

jautis

Hund

šuo

Hundehütte

šuns būda

Gartenschlauch

sodo namas

Gießkanne

laistytuvas

Sense

dalgis

Pflug

plūgas

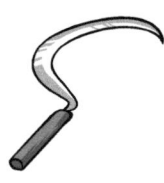

Sichel

pjautuvas

Hacke

kauptukas

Mistgabel

šakės

Axt

kirvis

Schubkarre

statinė

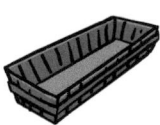

Trog

lovys

Milchkanne

bidonas

Sack

maišas

Zaun

tvora

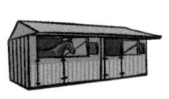

Stall

arklidė

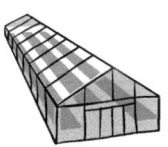

Treibhaus

šiltnamis

Boden

dirva

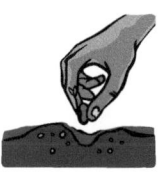

Saat

sėkla

Dünger

trąšos

Mähdrescher

kombainas

ernten

rinkti

Ernte

derlius

Yamswurzel

saldžiosios bulvės

Weizen

kviečiai

Soja

soja

Erdapfel

bulvė

Mais

kukurūzai

Raps

rapsai

Obstbaum

vaismedis

Maniok

manijokas

Getreide

grūdai

Haus
namas

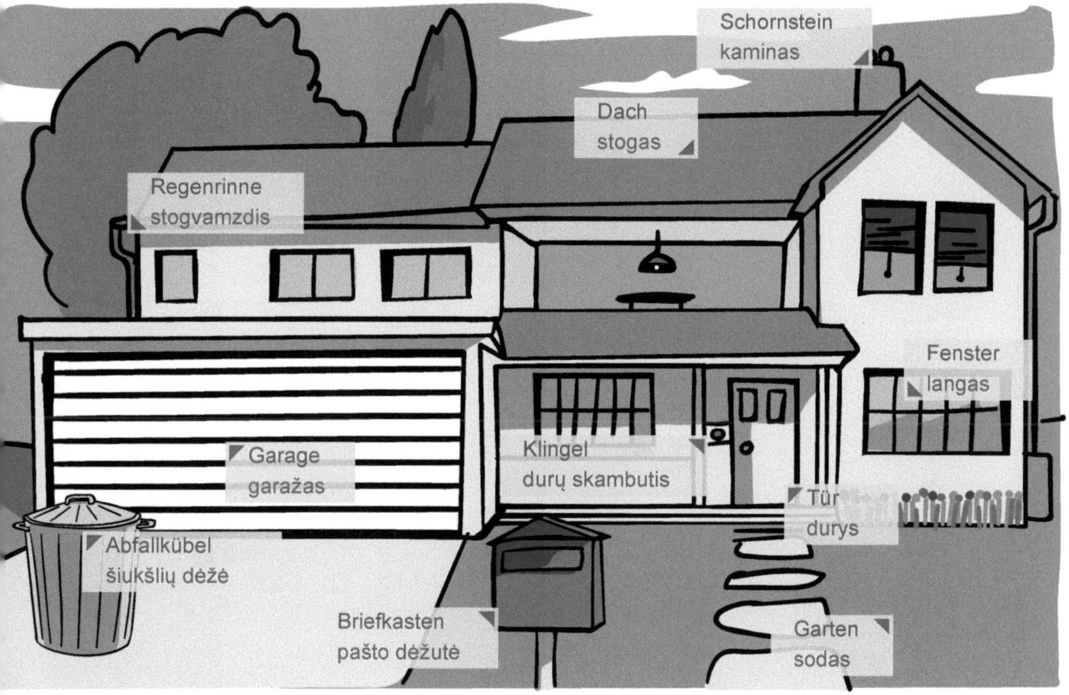

Schornstein
kaminas
Dach
stogas
Regenrinne
stogvamzdis
Fenster
langas
Garage
garažas
Klingel
durų skambutis
Tür
durys
Abfallkübel
šiukšlių dėžė
Briefkasten
pašto dėžutė
Garten
sodas

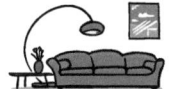

Wohnzimmer

svetainė

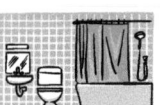

Badezimmer

vonios kambarys

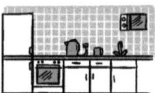

Küche

virtuvė

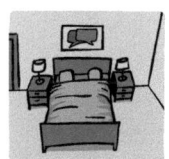

Schlafzimmer

miegamasis

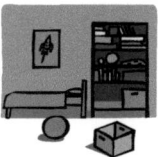

Kinderzimmer

vaiko kambarys

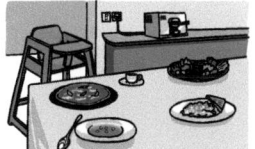

Esszimmer

valgomasis

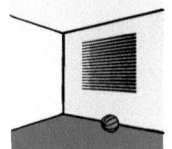

Boden

grindys

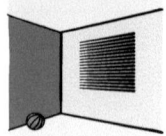

Wand

siena

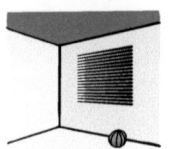

Decke

lubos

Keller

rūsys

Sauna

sauna

Balkon

balkonas

Terrasse

terasa

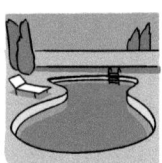

Schwimmbad

baseinas

Rasenmäher

žoliapjovė

Bettbezug

paklodė

Bettdecke

lovatiesė

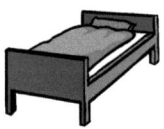

Bett

lova

Besen

šluota

Kübel

kibiras

Schalter

jungiklis

Wohnzimmer
svetainė

Tapete
tapetai
Bild
nuotrauka
Lampe
šviestuvas
Regal
lentyna
Schrank
spintelė
Fernseher
televizorius
Kamin
židinys
Blume
gėlė
Polster
pagalvėlė
Sofa
sofa
Vase
vaza
Fernbedienung
nuotolinio valdymo pultelis

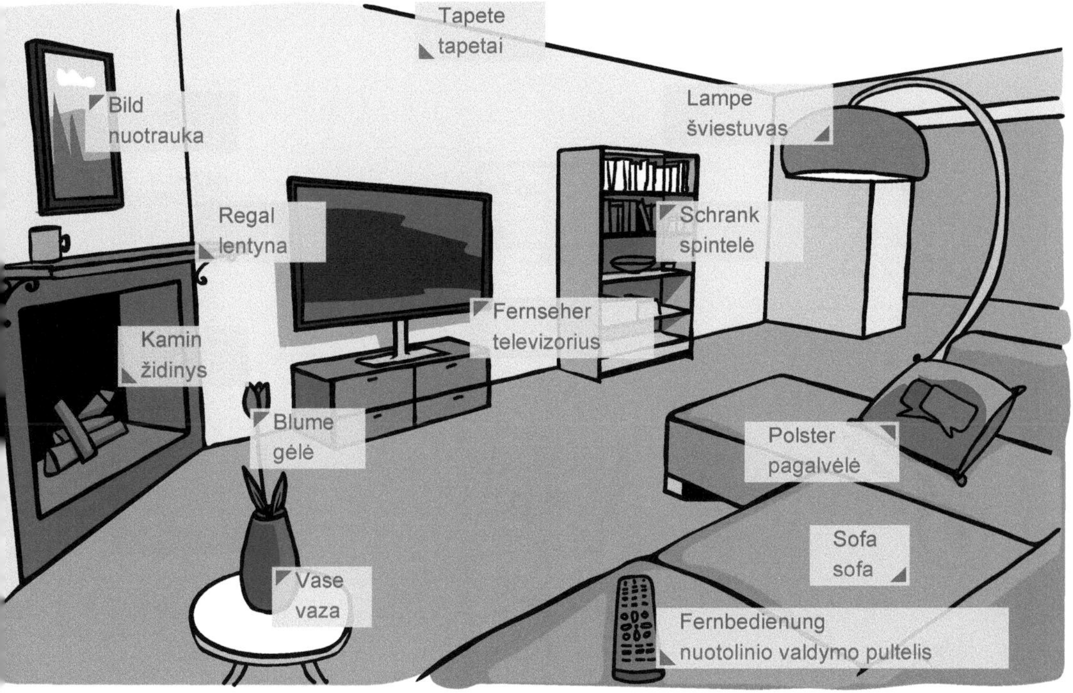

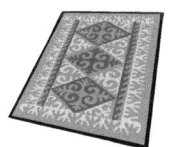

Teppich

kilimas

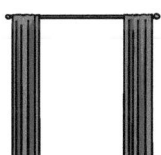

Vorhang

užuolaida

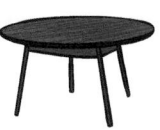

Tisch

stalas

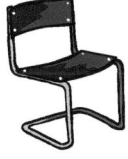

Sessel

kėdė

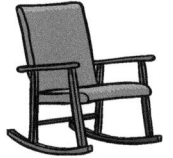

Schaukelstuhl

supamasis krėslas

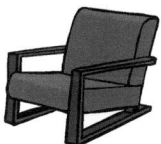

Sessel

fotelis

Buch

knyga

Decke

antklodė

Dekoration

papuošimai

Feuerholz

malkos

Film

filmas

Stereoanlage

stereo aparatūra

Schlüssel

raktas

Zeitung

laikraštis

Gemälde

paveikslas

Poster

plakatas

Radio

radijas

Notizblock

užrašų knygelė

Staubsauger

dulkių siurblys

Kaktus

kaktusas

Kerze

žvakė

Küche
virtuvė

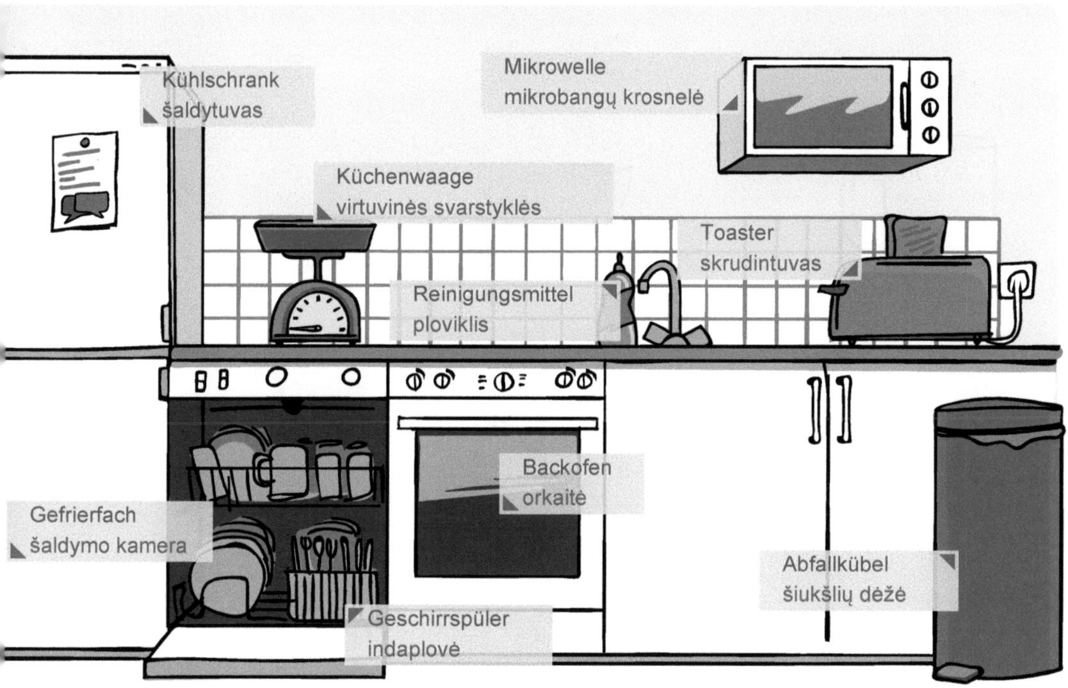
Kühlschrank
šaldytuvas
Mikrowelle
mikrobangų krosnelė
Küchenwaage
virtuvinės svarstyklės
Toaster
skrudintuvas
Reinigungsmittel
ploviklis
Backofen
orkaitė
Gefrierfach
šaldymo kamera
Abfallkübel
šiukšlių dėžė
Geschirrspüler
indaplovė

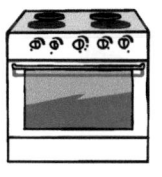

Herd

viryklė

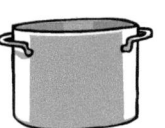

Topf

puodas

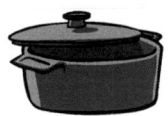

Eisentopf

ketaus puodas

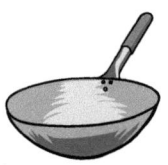

Wok / Kadai

„wok“ keptuvė

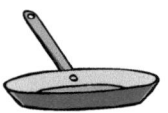

Pfanne

keptuvė

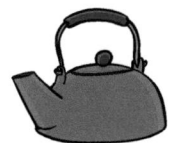

Wasserkocher

virdulys

Dampfgarer

garų puodas

Backblech

kepimo skarda

Geschirr

porceliano indai

Becher

puodelis

Schale

dubuo

Essstäbchen

valgomosios lazdelės

Schöpflöffel

samtis

Pfannenwender

mentelė

Schneebesen

plaktuvas

Kochsieb

koštuvas

Sieb

sietas

Reibe

trintuvė

Mörser

grūstuvė

Grill

kepsninė

Kaminfeuer

atvira liepsna

Schneidebrett

pjaustymo lentelė

Nudelholz

kočėlas

Korkenzieher

kamščiatraukis

Dose

skardinė

Dosenöffner

skardinių atidarytuvas

Topflappen

puodkėlė

Waschbecken

kriauklė

Bürste

šepetys

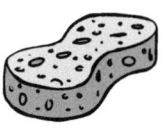

Schwamm

kempinė

Mixer

trintuvas

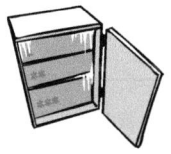

Gefriertruhe

šaldiklis

Babyflasche

kūdikių buteliukas

Wasserhahn

čiaupas

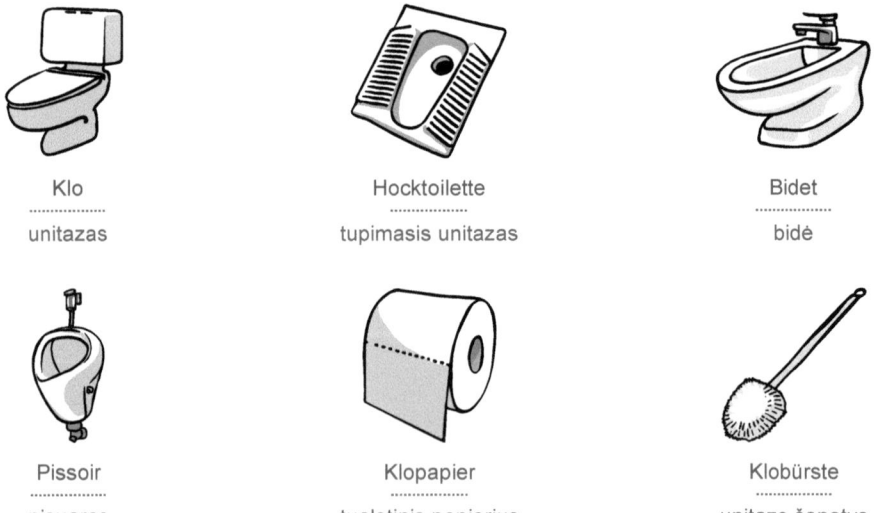

Badezimmer
vonios kambarys

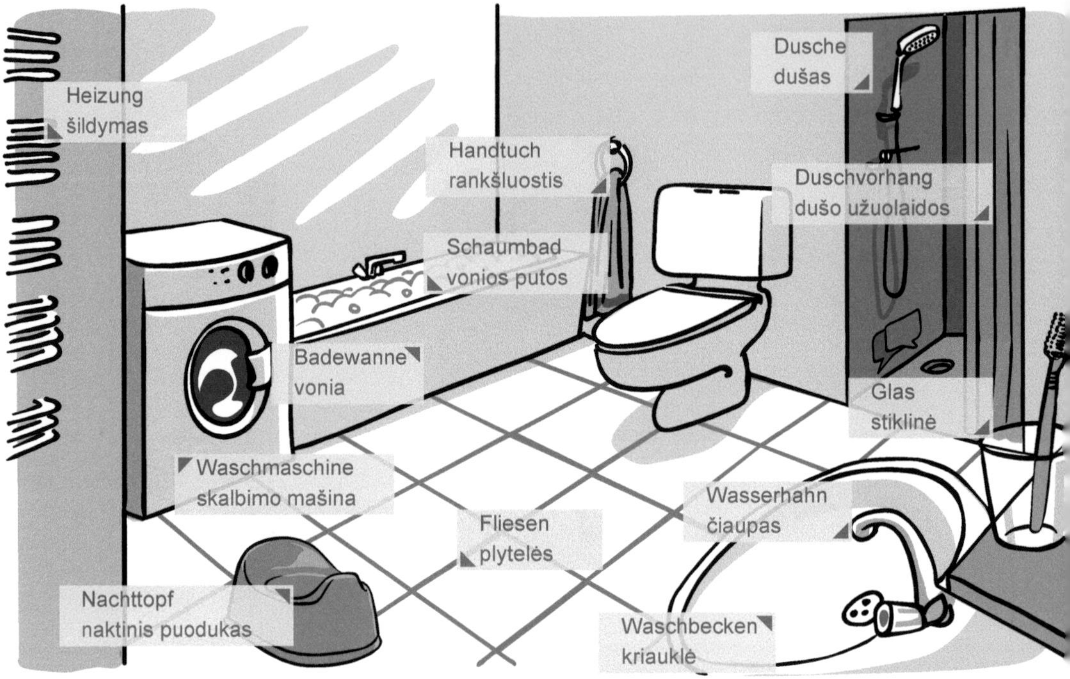
Heizung
šildymas
Handtuch
rankšluostis
Dusche
dušas
Duschvorhang
dušo užuolaidos
Schaumbad
vonios putos
Badewanne
vonia
Glas
stiklinė
Waschmaschine
skalbimo mašina
Wasserhahn
čiaupas
Fliesen
plytelės
Nachttopf
naktinis puodukas
Waschbecken
kriauklė

Klo

unitazas

Hocktoilette

tupimasis unitazas

Bidet

bidė

Pissoir

pisuaras

Klopapier

tualetinis popierius

Klobürste

unitazo šepetys

Zahnbürste

dantų šepetėlis

Zahnpasta

dantų pasta

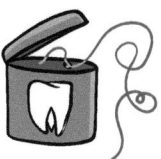

Zahnseide

dantų siūlas

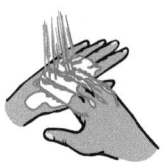

waschen

plauti

Handbrause

dušo galvutė

Intimdusche

higieninis dušas

Waschschüssel

praustuvas

Rückenbürste

nugaros plaušinė

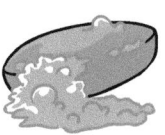

Seife

muilas

Duschgel

dušo želė

Shampoo

šampūnas

Waschlappen

plaušinė

Abfluss

kanalizacija

Creme

kremas

Deodorant

dezodorantas

Spiegel	Kosmetikspiegel	Rasierer
veidrodis	veidrodėlis	skustuvas

Rasierschaum	Rasierwasser	Kamm
skutimosi putos	losjonas po skutimosi	šukos

Bürste	Föhn	Haarspray
šepetys	plaukų džiovintuvas	plaukų lakas

Makeup	Lippenstift	Nagellack
makiažas	lūpdažis	nagų lakas

Watte	Nagelschere	Parfum
vata	žirklutės nagams	kvepalai

Kulturbeutel

maišelis skalbiniams

Hocker

taburetė

Waage

svarstyklės

Bademantel

chalatas

Gummihandschuhe

guminės pirštinės

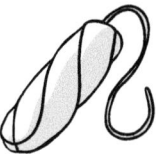

Tampon

tamponas

Damenbinde

higieninis įklotas

Chemietoilette

biotualetas

Kinderzimmer

vaiko kambarys

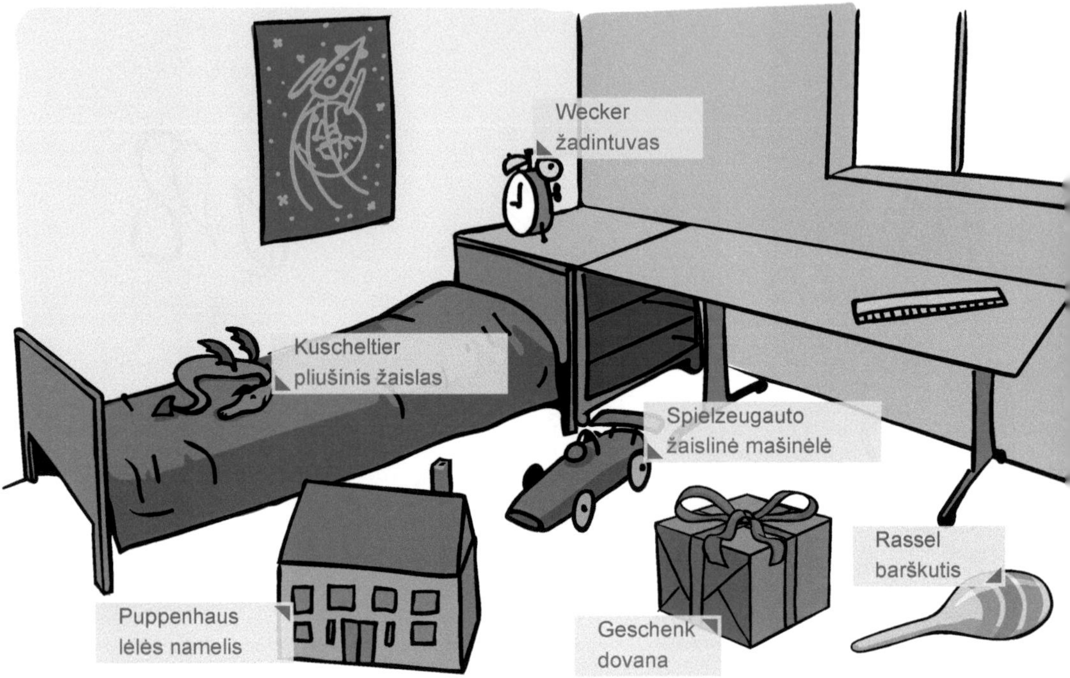

Wecker
žadintuvas

Kuscheltier
pliušinis žaislas

Spielzeugauto
žaislinė mašinėlė

Rassel
barškutis

Puppenhaus
lėlės namelis

Geschenk
dovana

Ballon

balionas

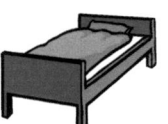

Bett

lova

Kinderwagen

vaikiškas vežimėlis

Kartenspiel

kortų malka

Puzzle

delionė

Comic

komiksai

Legosteine

lego kaladėlės

Bausteine

žaislinės kaladėlės

Actionfigur

figūrėlė

Strampelanzug

šliaužtinukai

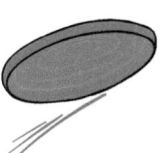

Frisbee

mėtymo lėkštė

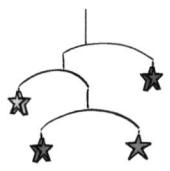

Mobile

karuselė

Brettspiel

stalo žaidimas

Würfel

kauliukai

Modelleisenbahn

žaislinis traukinys

Schnuller

žindukas

Party

vakarėlis

Bilderbuch

paveiksliukų knygelė

Ball

kamuolys

Puppe

lėlė

spielen

žaisti

Sandkasten

smėlio dėžė

Schaukel

sūpynės

Spielzeug

žaislai

Spielkonsole

žaidimų konsolė

Dreirad

triratukas

Teddy

meškiukas

Kleiderschrank

drabužių spinta

Kleidung

drabužis

Socken

kojinės

Strümpfe

kojinės virš kelių

Strumpfhose

pėdkelnės

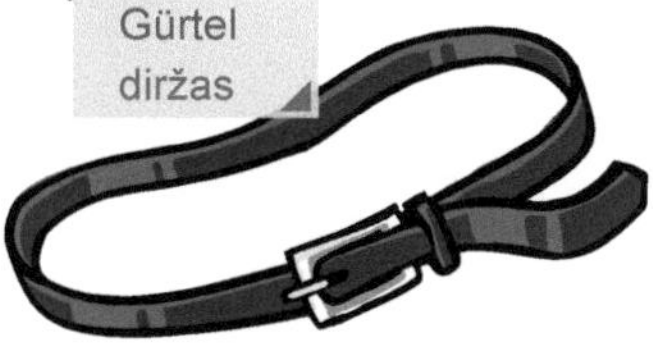

Schal
šalikas

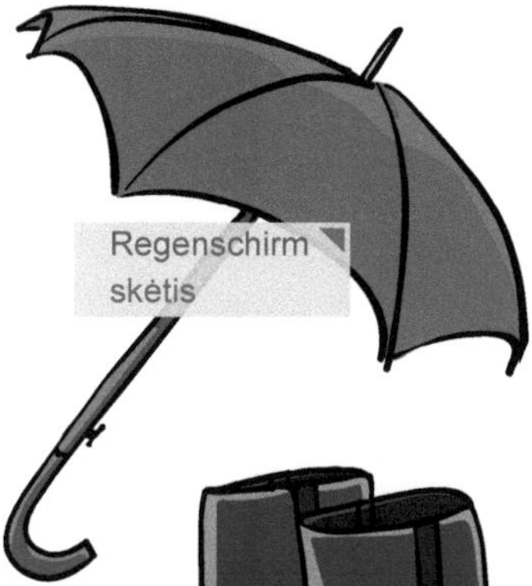

Regenschirm
skėtis

Gürtel
diržas

T-Shirt
marškinėliai

Turnschuhe
sportbačiai

Stiefel
ilgaauliai batai

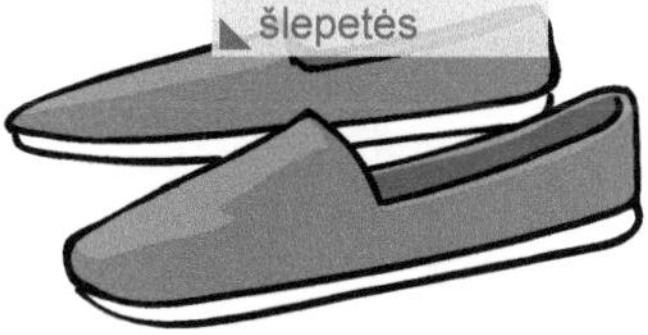

Hausschuhe
šlepetės

Sandalen
....
sandalai

Schuhe
....
batai

Gummistiefel
....
guminiai batai

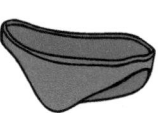

Unterhose
....
trumpikės

Büstenhalter
....
liemenėlė

Unterhemd
....
liemenė

Body

glaustinukė

Hose

kelnės

Jeans

džinsai

Rock

sijonas

Bluse

palaidinė

Hemd

marškiniai

Pullover

megztinis

Kapuzenpullover

megztinis su gobtuvu

Blazer

švarkelis

Jacke

švarkas

Mantel

paltas

Regenmantel

lietpaltis

Kostüm

kostiumas

Kleid

suknelė

Hochzeitskleid

vestuvinė suknelė

Anzug

kostiumas

Nachthemd

naktiniai marškiniai

Pyjama

pižama

Sari

saris

Kopftuch

skarelė

Turban

tiurbanas

Burka

burka

Kaftan

kaftanas

Abaya

abaja

Badeanzug

maudymosi kostiumėlis

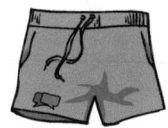

Badehose

glaudės

kurze Hose

šortai

Jogginganzug

sportinis kostiumas

Schürze

prijuostė

Handschuhe

pirštinės

Knopf

saga

Brille

akiniai

Armband

apyrankė

Halskette

vėrinys

Ring

žiedas

Ohrring

auskaras

Mütze

kepurė

Kleiderbügel

pakabas

Hut

skrybėlė

Krawatte

kaklaraištis

Reißverschluss

užtrauktukas

Helm

šalmas

Hosenträger

breketai

Schuluniform

mokyklinė uniforma

Uniform

uniforma

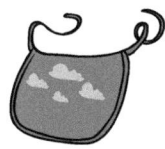

Lätzchen
seilinukas

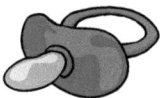

Schnuller
žindukas

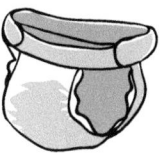

Windel
vystyklai

Büro
biuras

Server serveris
Aktenschrank dokumentų spinta
Drucker spausdintuvas
Papier popierius
Monitor vaizduoklis
Maus pelė
Schreibtisch rašomasis stalas
Ordner aplankas
Tastatur klaviatūra
Papierkorb šiukšliadėžė
Computer kompiuteris
Sessel kėdė

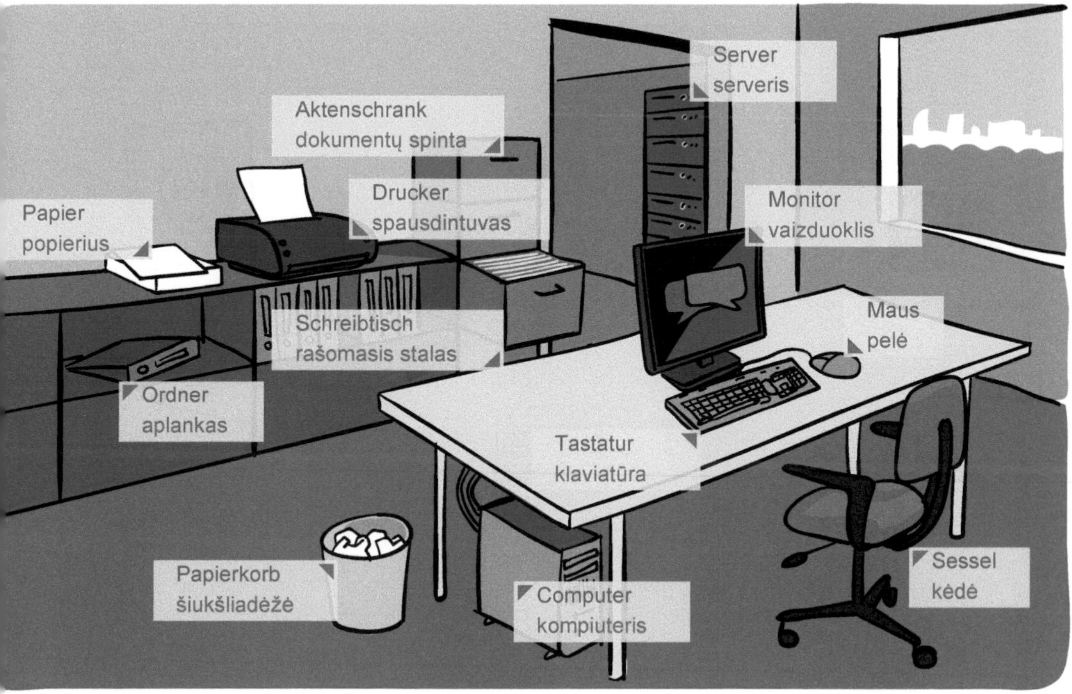

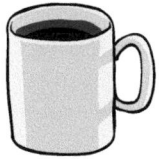

Kaffeebecher
kavos puodelis

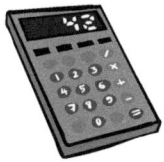

Taschenrechner
kalkuliatorius

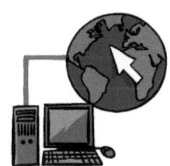

Internet
internetas

Laptop

nešiojamasis kompiuteris

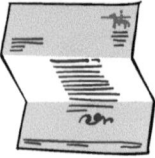

Brief

laiškas

Nachricht

žinutė

Handy

mobilusis telefonas

Netzwerk

tinklas

Kopierer

fotokopijavimo aparatas

Software

programinė įranga

Telefon

telefonas

Steckdose

kištukinis lizdas

Fax

faksas

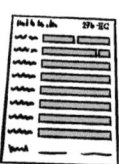

Formular

forma

Dokument

dokumentas

Büro - biuras

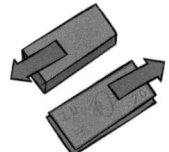

kaufen
·············
pirkti

bezahlen
·············
mokėti

handeln
·············
prekiauti

Geld
·············
pinigai

Dollar
·············
doleris

Euro
·············
euras

Yen
·············
jena

Rubel
·············
rublis

Franken
·············
Šveicarijos frankas

Renminbi Yuan
·············
juanis

Rupie
·············
rupija

Bankomat
·············
bankomatas

Wechselstube

valiutos keitykla

Gold

auksas

Silber

sidabras

Öl

nafta

Energie

energija

Preis

kaina

Vertrag

sutartis

Steuer

mokestis

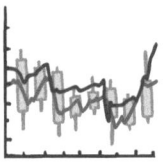

Aktie

akcijos

arbeiten

dirbti

Angestellte

darbuotojas

Arbeitgeber

darbdavys

Fabrik

gamykla

Geschäft

parduotuvė

Berufe
profesijos

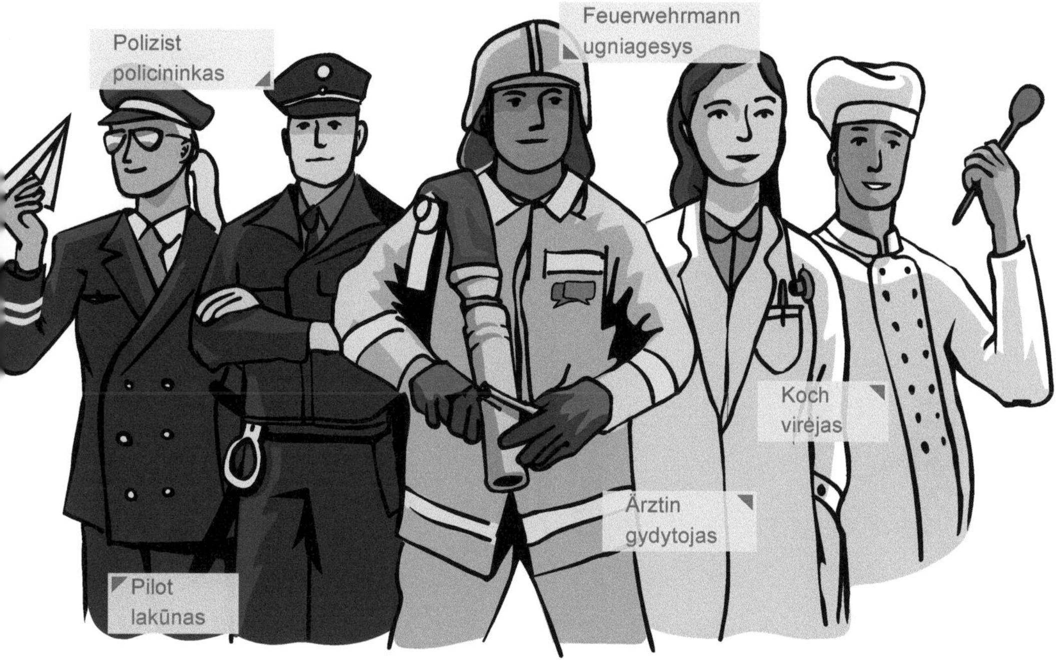
Polizist
policininkas
Feuerwehrmann
ugniagesys
Koch
virėjas
Ärztin
gydytojas
Pilot
lakūnas

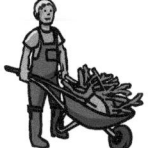

Gärtner

sodininkas

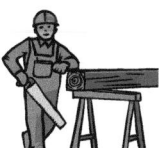

Tischler

stalius

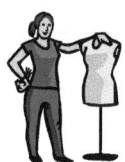

Schneiderin

siuvėja

Richter

teisėjas

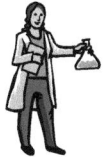

Chemikerin

chemikas

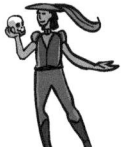

Schauspieler

aktorius

Busfahrer

autobuso vairuotojas

Taxifahrer

taksi vairuotojas

Fischer

žvejys

Putzfrau

valytoja

Dachdecker

stogdengys

Kellner

padavėjas

Jäger

medžiotojas

Maler

dailininkas

Bäcker

kepėjas

Elektriker

elektrikas

Bauarbeiter

statybininkas

Ingenieur

inžinierius

Schlachter

mėsininkas

Installateur

santechnikas

Briefträgerin

paštininkas

Soldat

kareivis

Architekt

architektas

Kassiererin

kasininkas

Blumenhändlerin

gėlininkas

Friseur

kirpėjas

Schaffner

konduktorius

Mechaniker

mechanikas

Kapitän

kapitonas

Zahnärztin

odontologas

Wissenschaftler

mokslininkas

Rabbi

rabinas

Imam

imamas

Mönch

vienuolis

Pfarrer

kunigas

Werkzeuge

įrankiai

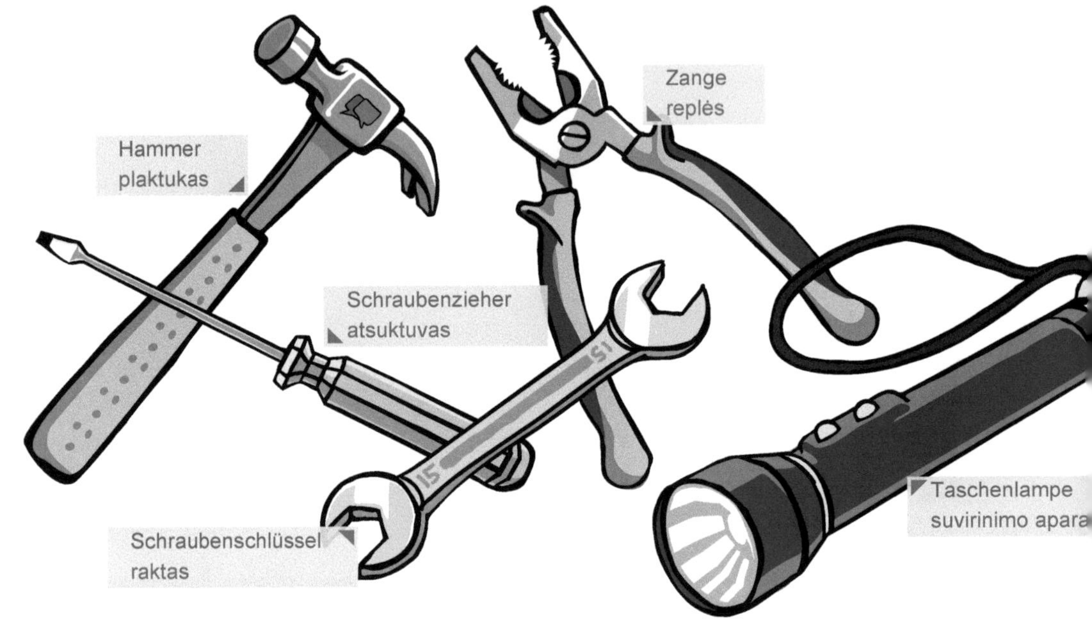

Zange
replės
Hammer
plaktukas
Schraubenzieher
atsuktuvas
Taschenlampe
suvirinimo apara
Schraubenschlüssel
raktas

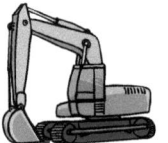

Bagger

ekskavatorius

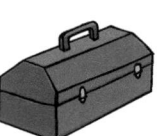

Werkzeugkasten

įrankių dėžė

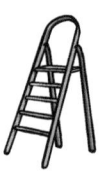

Leiter

kopėčios

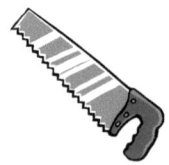

Säge

pjūklas

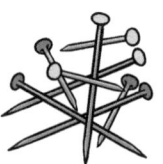

Nägel

vinys

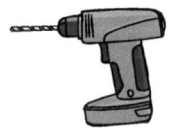

Bohrer

grąžtas

reparieren

taisyti

Schaufel

kastuvas

Scheiße!

Velniava!

Kehrschaufel

semtuvėlis

Farbtopf

dažų skardinė

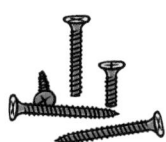

Schrauben

varžtai

Musikinstrumente
muzikos instrumentai

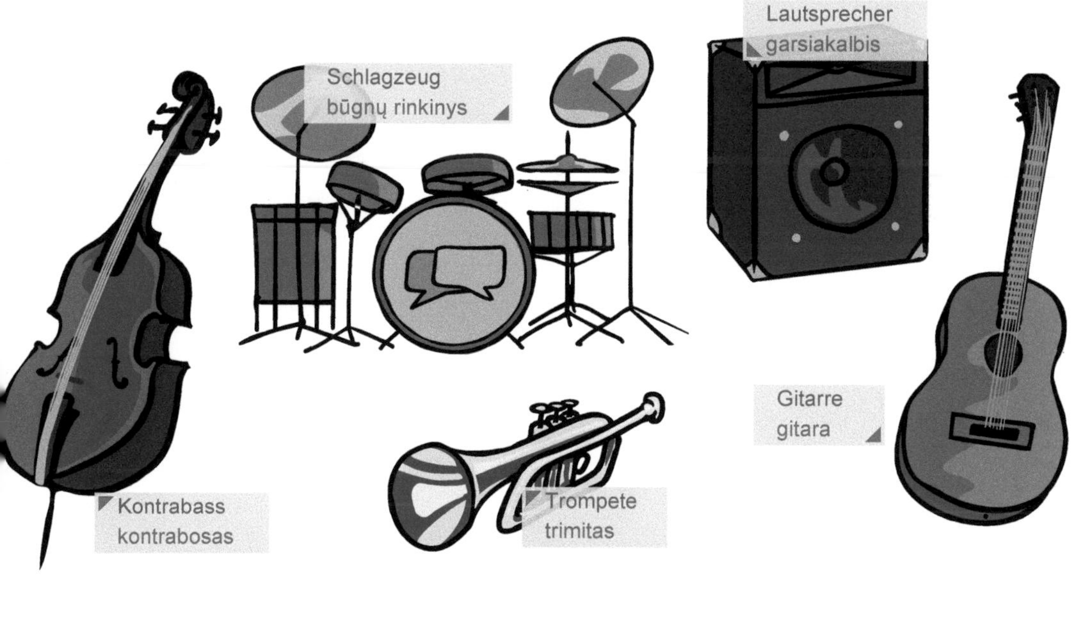

Schlagzeug
būgnų rinkinys

Lautsprecher
garsiakalbis

Gitarre
gitara

Kontrabass
kontrabosas

Trompete
trimitas

Klavier

pianinas

Violine

smuikas

Bass

bosinė gitara

Pauke

timpanas

Trommeln

būgnai

Tastatur

sintezatorius

Saxophon

saksofonas

Flöte

fleita

Mikrofon

mikrofonas

Zoo
zoologijos sodas

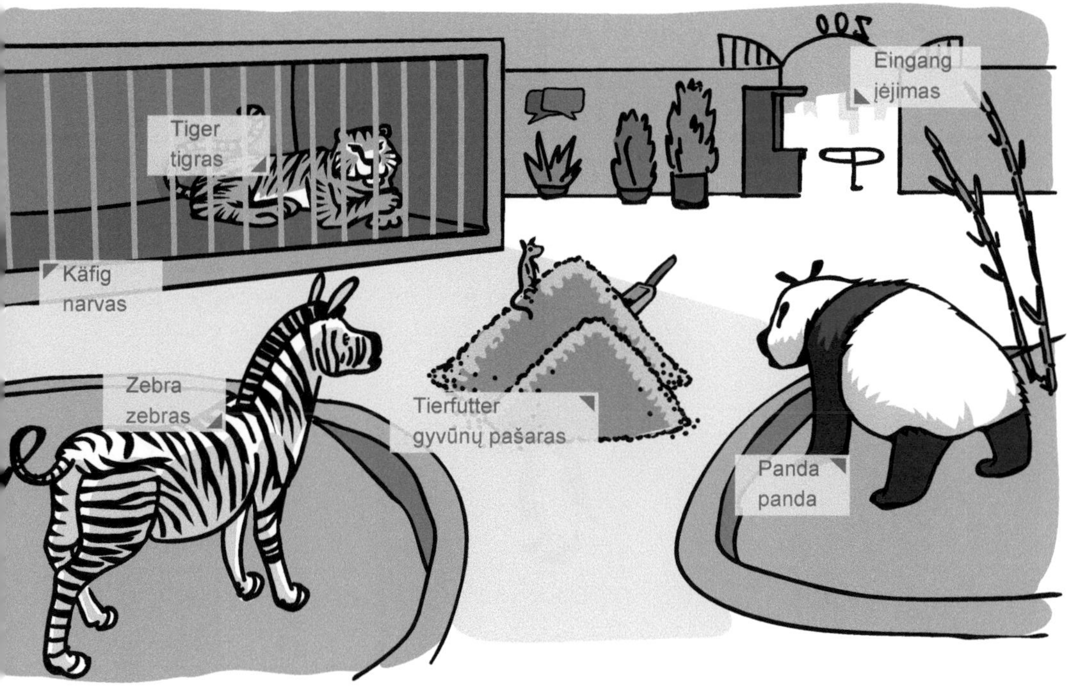
Tiger
tigras
Eingang
įėjimas
Käfig
narvas
Zebra
zebras
Tierfutter
gyvūnų pašaras
Panda
panda

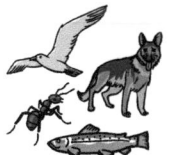

Tiere

gyvūnai

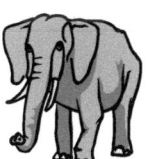

Elefant

dramblys

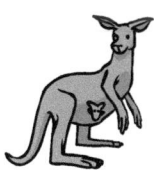

Känguru

kengūra

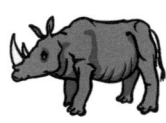

Nashorn

raganosis

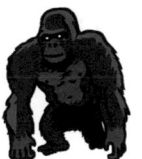

Gorilla

gorila

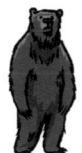

Bär

meška

Kamel

kupranugaris

Strauß

strutis

Löwe

liūtas

Affe

beždžionė

Flamingo

flamingas

Papagei

papūga

Eisbär

baltoji meška

Pinguin

pingvinas

Hai

ryklys

Pfau

povas

Schlange

gyvatė

Krokodil

krokodilas

Zoowärter

zoologijos sodo prižiūrėtojas

Robbe

ruonis

Jaguar

jaguaras

Zoo - zoologijos sodas

Pony

ponis

Leopard

leopardas

Nilpferd

begemotas

Giraffe

žirafa

Adler

erelis

Wildschwein

šernas

Fisch

žuvis

Schildkröte

vėžlys

Walross

vėplys

Fuchs

lapė

Gazelle

gazelė

American Football
amerikietiškas futbolas

Radfahren
dviračių sportas

Tennis
tenisas

Basketball
krepšinis

Schwimmen
plaukimas

Boxen
boksas

Eishockey
ledo ritulys

Fußball

futbolas

Badminton

badmintonas

Leichtathletik

atletika

Handball

rankinis

Skifahren

slidinėjimas

Polo

polas

Aktivitäten
užsiėmimai

springen
šokinėti
umarmen
apkabinti
lachen
juoktis
gehen
vaikščioti
singen
dainuoti
träumen
svajoti
beten
melstis
küssen
bučiuoti

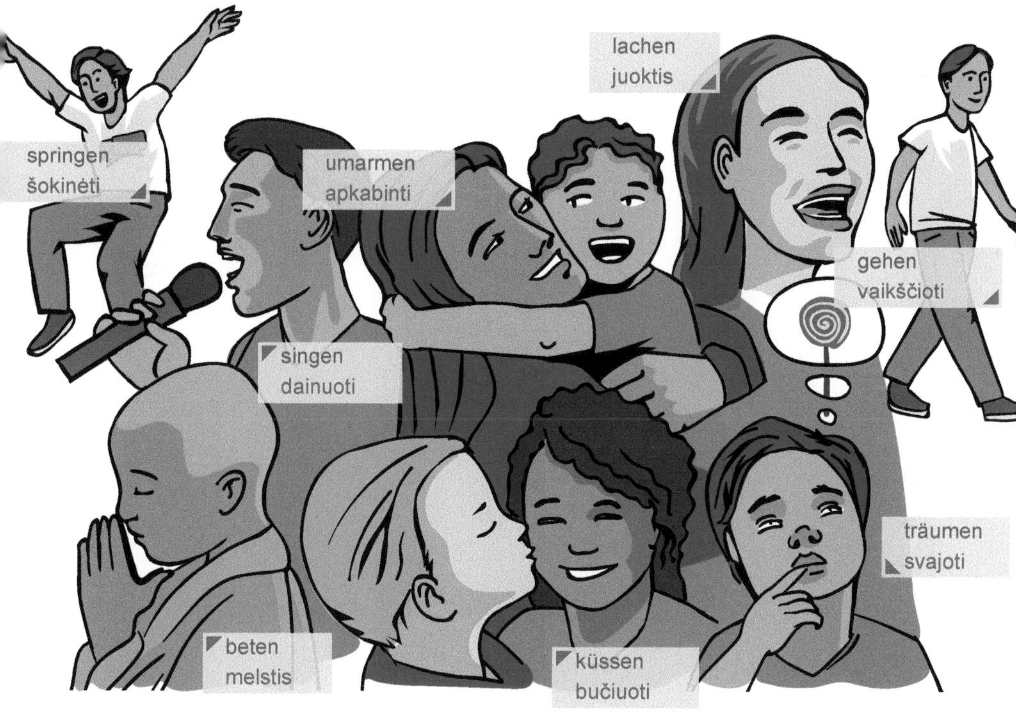

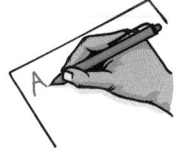

schreiben
rašyti

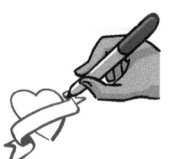

zeichnen
piešti

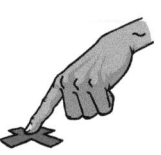

zeigen
rodyti

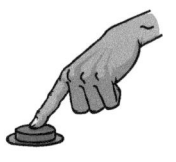

drücken
stumti

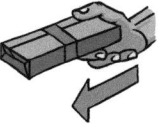

geben
duoti

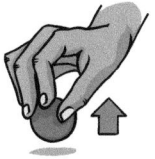

nehmen
imti

haben

turėti

machen

daryti

sein

būti

stehen

stovėti

laufen

bėgti

ziehen

traukti

werfen

mesti

fallen

kristi

liegen

meluoti

warten

laukti

tragen

nešti

sitzen

sėdėti

anziehen

rengtis

schlafen

miegoti

aufwachen

pabusti

ansehen

žiūrėti

weinen

verkti

streicheln

glostyti

frisieren

šukuoti

reden

kalbėti

verstehen

suprasti

fragen

paklausti

hören

klausytis

trinken

gerti

essen

valgyti

zusammenräumen

tvarkytis

lieben

mylėti

kochen

gaminti

fahren

vairuoti

fliegen

skristi

segeln

buriuoti

rechnen

skaičiuoti

lesen

skaityti

lernen

mokytis

arbeiten

dirbti

heiraten

vesti

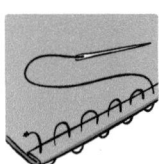

nähen

siūti

Zähne putzen

valytis dantis

töten

žudyti

rauchen

rūkyti

senden

siųsti

Familie
šeima

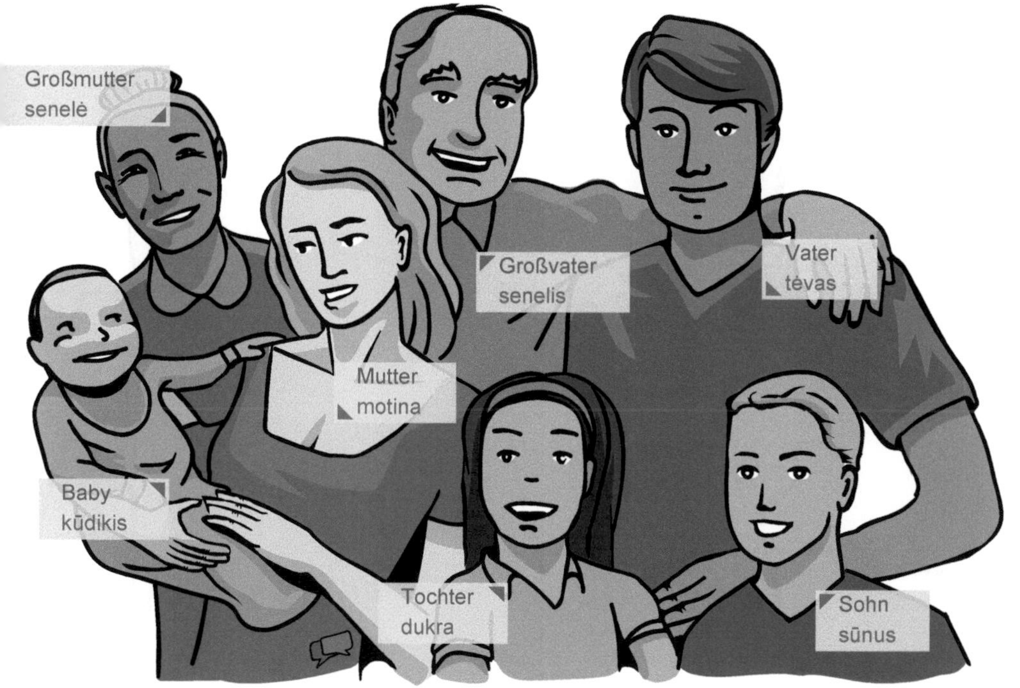

Großmutter
senelė
Großvater
senelis
Vater
tėvas
Mutter
motina
Baby
kūdikis
Tochter
dukra
Sohn
sūnus

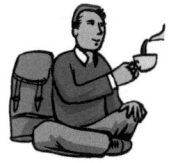

Gast
svečias

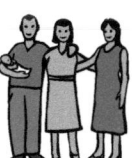

Tante
teta

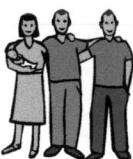

Onkel
dėdė

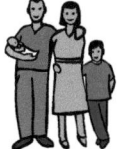

Bruder
brolis

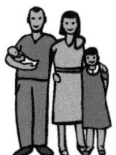

Schwester
sesuo

Körper
kūnas

Stirn
kakta
Auge
akis
Schulter
petys
Finger
pirštas
Gesicht
veidas
Kinn
smakras
Hand
plaštaka
Bein
koja
Brust
krūtinė
Arm
ranka

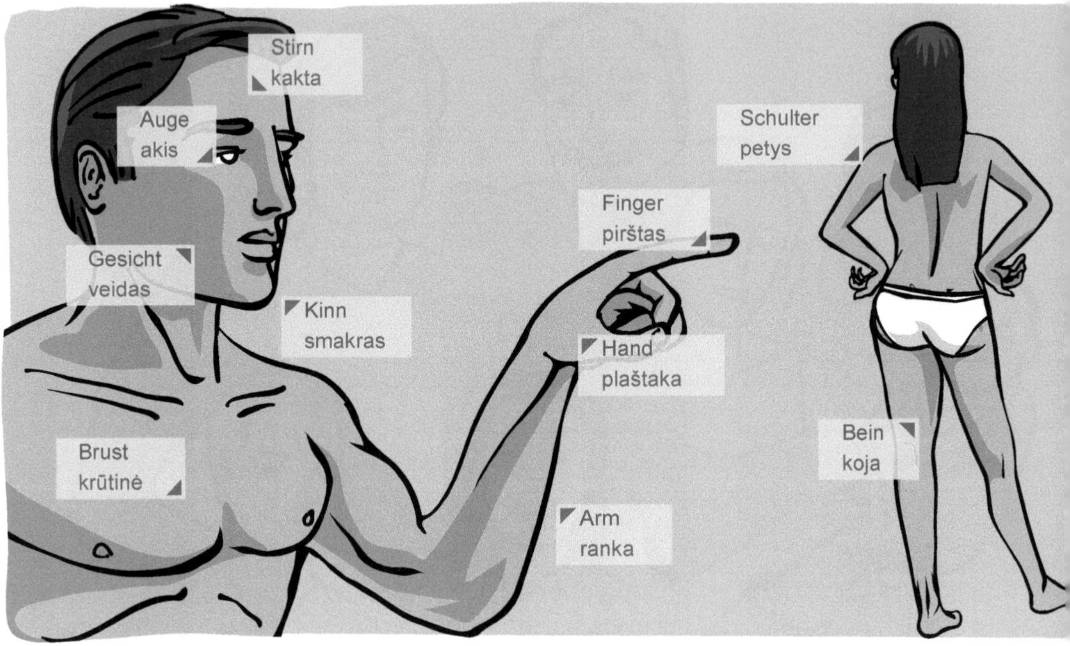

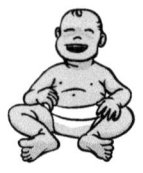

Baby
kūdikis

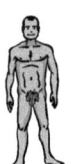

Mann
vyras

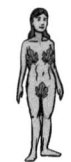

Frau
moteris

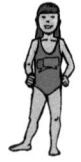

Mädchen
mergaitė

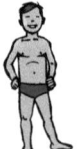

Junge
berniukas

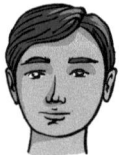

Kopf
galva

Rücken

nugara

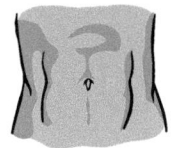

Bauch

pilvas

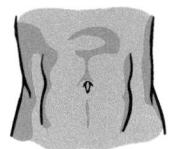

Nabel

bamba

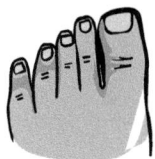

Zeh

kojos pirštas

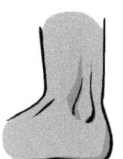

Ferse

kulnas

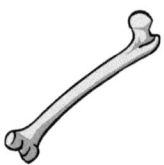

Knochen

kaulas

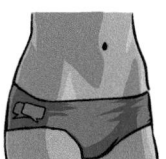

Hüfte

klubas

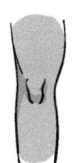

Knie

kelis

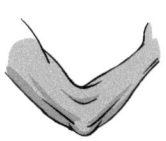

Ellbogen

alkūnė

Nase

nosis

Gesäß

sėdmenys

Haut

oda

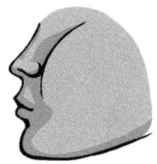

Wange

skruostas

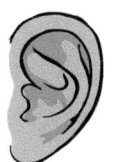

Ohr

ausis

Lippe

lūpa

Mund

burna

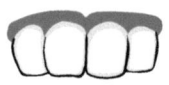

Zahn

dantis

Zunge

liežuvis

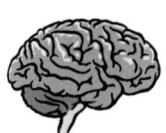

Gehirn

smegenys

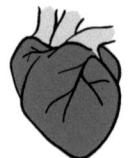

Herz

širdis

Muskel

raumuo

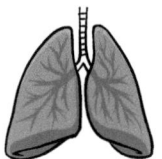

Lunge

plaučiai

Leber

kepenys

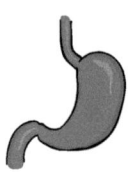

Magen

skrandis

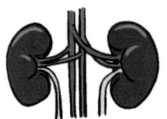

Nieren

inkstai

Geschlechtsverkehr

seksas

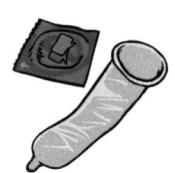

Kondom

prezervatyvas

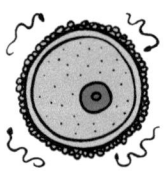

Eizelle

kiaušialąstė

Sperma

sperma

Schwangerschaft

nėštumas

Körper - kūnas

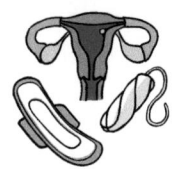

Menstruation

menstruacijos

Vagina

makštis

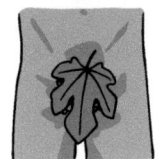

Penis

varpa

Augenbraue

antakis

Haar

plaukai

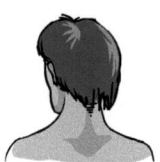

Hals

kaklas

Spital
ligoninė

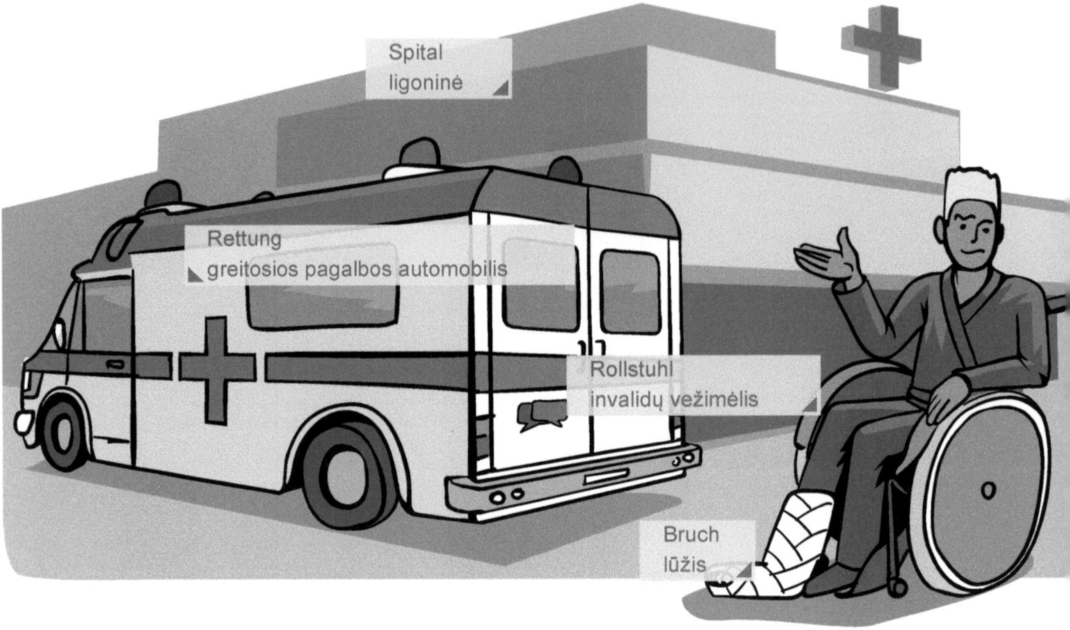

Spital
ligoninė
Rettung
greitosios pagalbos automobilis
Rollstuhl
invalidų vežimėlis
Bruch
lūžis

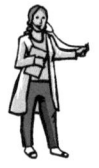

Ärztin

gydytojas

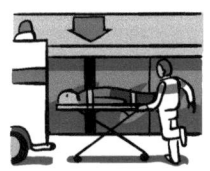

Notaufnahme

skubios pagalbos skyrius

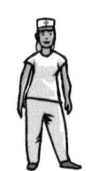

Krankenschwester

slaugytoja

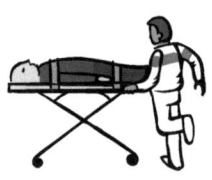

Notfall

nelaimingas atsitikimas

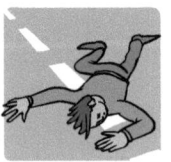

ohnmächtig

be sąmonės

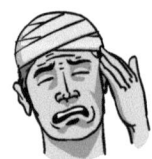

Schmerz

skausmas

Verletzung

sužalojimas

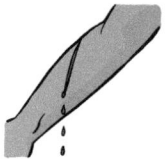

Blutung

kraujavimas

Herzinfarkt

širdies smūgis

Schlaganfall

insultas

Allergie

alergija

Husten

kosulys

Fieber

karščiavimas

Grippe

gripas

Durchfall

viduriavimas

Kopfschmerzen

galvos skausmas

Krebs

vėžys

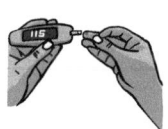

Diabetes

diabetas

Chirurg

chirurgas

Skalpell

skalpelis

Operation

operacija

CT
....
KT

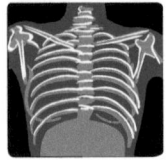

Röntgen
....
rentgenas

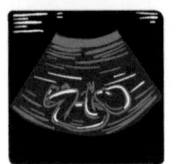

Ultraschall
....
ultragarsas

Maske
....
veido kaukė

Krankheit
....
liga

Wartezimmer
....
laukiamasis

Krücke
....
ramentas

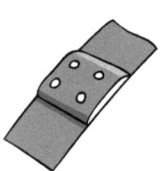

Pflaster
....
gipsas

Verband
....
tvarstis

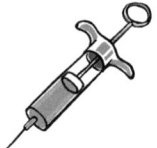

Injektion
....
injekcija

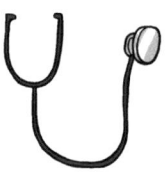

Stethoskop
....
stetoskopas

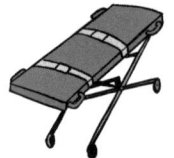

Trage
....
neštuvai

Thermometer
....
termometras

Geburt
....
gimimas

Übergewicht
....
antsvoris

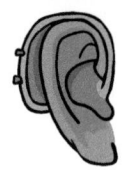

Hörgerät

klausos aparatas

Desinfektionsmittel

dezinfekavimo priemonė

Infektion

infekcija

Virus

virusas

HIV / AIDS

ŽIV / AIDS

Medizin

vaistas

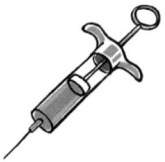

Impfung

skiepijimas

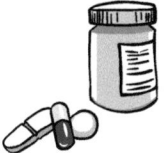

Tabletten

tabletės

Pille

piliulė

Notruf

skubios pagalbos numeris

Blutdruckmesser

kraujospūdžio matuoklis

krank / gesund

ligotas / sveikas

nelaimingas atsitikimas

Hilfe!

Padėkite!

Alarm

pavojaus signalas

Überfall

užpuolimas

Angriff

ataka

Gefahr

pavojus

Notausgang

avarinis išėjimas

Feuer!

Gaisras!

Feuerlöscher

gesintuvas

Unfall

nelaimingas atsitikimas

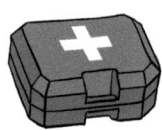

Erste-Hilfe-Koffer

pirmosios pagalbos rinkinys

SOS

SOS

Polizei

policija

Europa

Europa

Nordamerika

Šiaurės Amerika

Südamerika

Pietų Amerika

Afrika

Afrika

Asien

Azija

Australien

Australija

Atlantik

Atlanto vandenynas

Pazifik

Ramusis vandenynas

Indische Ozean

Indijos vandenynas

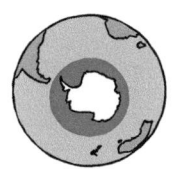

Antarktische Ozean

Pietų vandenynas

Arktische Ozean

Arkties vandenynas

Nordpol

Šiaurės ašigalis

Südpol

Pietų ašigalis

Antarktis

Antarktida

Erde

Žemė

Land

sausuma

Meer

jūra

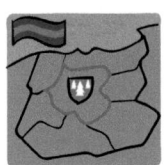

Insel

sala

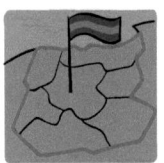

Nation

tauta

Staat

valstybė

Ziffernblatt

ciferblatas

Stundenzeiger

valandinė rodyklė

Minutenzeiger

minutinė rodyklė

Sekundenzeiger

sekundinė rodyklė

Wie spät ist es?

Kiek valandų?

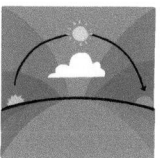

Tag

diena

Zeit

laikas

jetzt

dabar

Digitaluhr

skaitmeninis laikrodis

Minute

minutė

Stunde

valanda

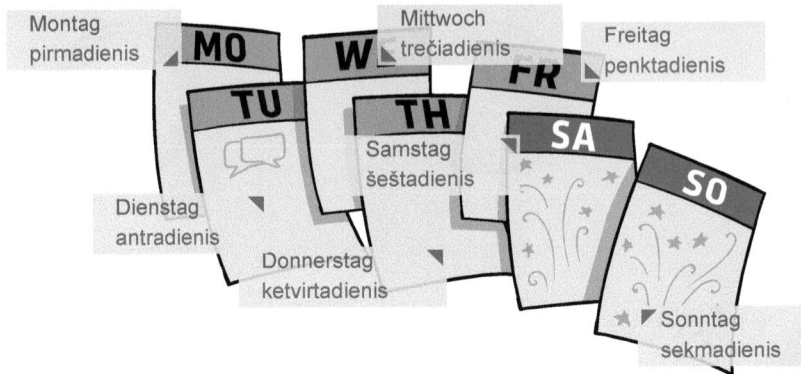

Montag
pirmadienis

Mittwoch
trečiadienis

Freitag
penktadienis

Dienstag
antradienis

Samstag
šeštadienis

Donnerstag
ketvirtadienis

Sonntag
sekmadienis

gestern

vakar

heute

šiandien

morgen

rytoj

Morgen

rytas

Mittag

vidurdienis

Abend

vakaras

MO	TU	WE	TH	FR	SA	SU
1	2	3	4	5	6	7
8	9	10	11	12	13	14
15	16	17	18	19	20	21
22	23	24	25	26	27	28
29	30	31	1	2	3	4

Arbeitstage

darbo dienos

MO	TU	WE	TH	FR	SA	SU
1	2	3	4	5	6	7
8	9	10	11	12	13	14
15	16	17	18	19	20	21
22	23	24	25	26	27	28
29	30	31	1	2	3	4

Wochenende

savaitgalis

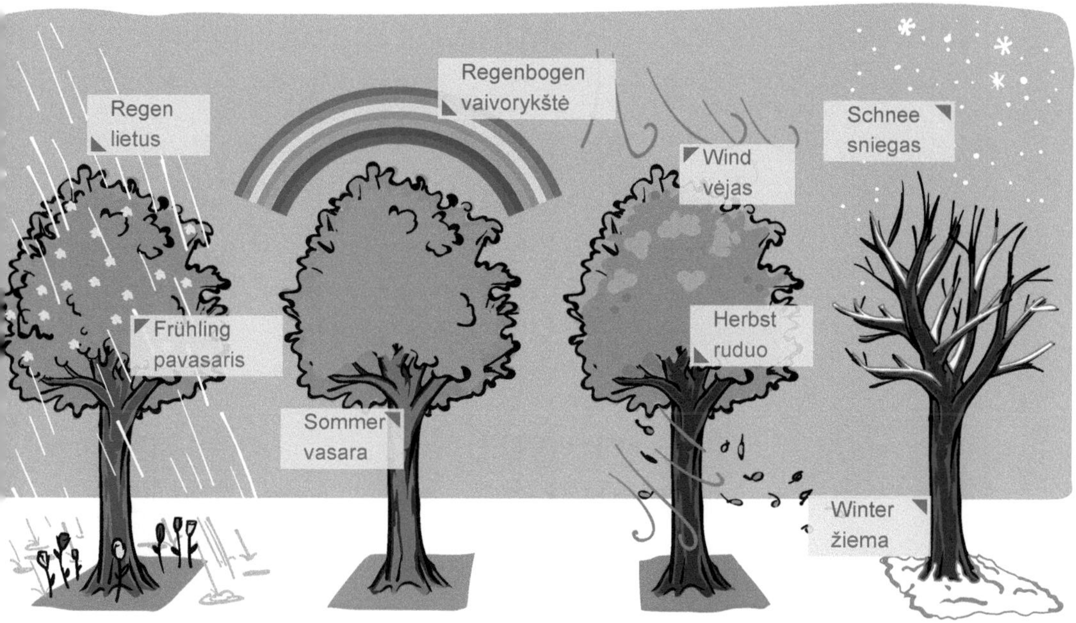

Regen
lietus
Regenbogen
vaivorykštė
Wind
vėjas
Schnee
sniegas
Frühling
pavasaris
Herbst
ruduo
Sommer
vasara
Winter
žiema

4.APRIL 11°
5.APRIL 4°
6.APRIL 13°
7.APRIL 8°
8.APRIL 10°

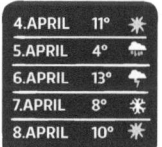

Wettervorhersage

orų prognozė

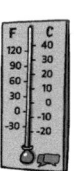

Thermometer

lauko termometras

Sonnenschein

saulės šviesa

Wolke

debesis

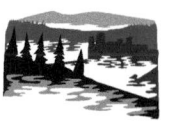

Nebel

rūkas

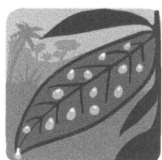

Luftfeuchtigkeit

drėgmė

Blitz

žaibas

Donner

griaustinis

Sturm

audra

Hagel

kruša

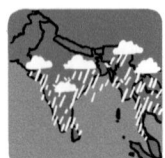

Monsun

musonas

Flut

potvynis

Eis

ledas

Jänner

sausis

Februar

vasaris

März

kovas

April

balandis

Mai

gegužė

Juni

birželis

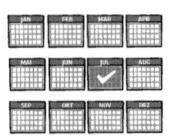

Juli

liepa

August

rugpjūtis

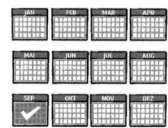

September
....
rugsėjis

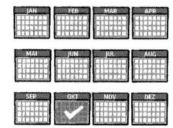

Oktober
....
spalis

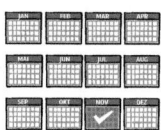

November
....
lapkritis

Dezember
....
gruodis

Formen
formos

Kreis
....
apskritimas

Quadrat
....
kvadratas

Rechteck
....
stačiakampis

Dreieck
....
trikampis

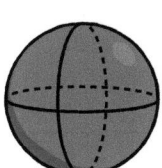

Kugel
....
sfera

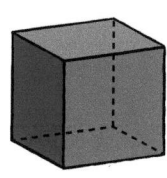

Würfel
....
kubas

weiß

balta

gelb

geltona

orange

oranžinė

pink

rožinė

rot

raudona

lila

violetinė

blau

mėlyna

grün

žalia

braun

ruda

grau

pilka

schwarz

juoda

viel / wenig

daug / mažai

wütend / friedlich

piktas / ramus

hübsch / hässlich

gražus / bjaurus

Anfang / Ende

pradžia / pabaiga

groß / klein

didelis / mažas

hell / dunkel

šviesus / tamsus

Bruder / Schwester

brolis / sesuo

sauber / schmutzig

švarus / purvinas

vollständig / unvollständig

užbaigtas / neužbaigtas

Tag / Nacht

diena / naktis

tot / lebendig

miręs / gyvas

breit / schmal

platus / siauras

genießbar / ungenießbar

valgomas / nevalgomas

böse / freundlich

piktas / malonus

aufgeregt / gelangweilt

linksmas / nuobodus

dick / dünn

storas / plonas

zuerst / zuletzt

pirmiausia / paskiausia

Freund / Feind

draugas / priešas

voll / leer

pilnas / tuščias

hart / weich

kietas / minkštas

schwer / leicht

sunkus / lengvas

Hunger / Durst

alkis / troškulys

krank / gesund

ligotas / sveikas

illegal / legal

nelegalus / legalus

gescheit / dumm

protingas / kvailas

links / rechts

kairė / dešinė

nah / fern

arti / toli

Gegenteile - priešingos reikšmės žodžiai

neu / gebraucht

naujas / naudotas

nichts / etwas

niekas / kažkas

alt / jung

senas / jaunas

an / aus

jjungta / išjungta

offen / geschlossen

atidaryta / uždaryta

leise / laut

tylus / garsus

reich / arm

turtingas / vargšas

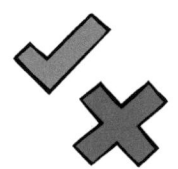

richtig / falsch

teisus / neteisus

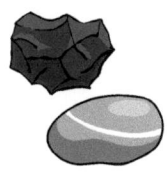

rau / glatt

šiurkštus / švelnus

traurig / glücklich

liūdnas / laimingas

kurz / lang

trumpas / ilgas

langsam / schnell

lėtas / greitas

nass / trocken

drėgnas / sausas

warm / kühl

šiltas / šaltas

Krieg / Frieden

karas / taika

0

null

nulis

1

eins

vienas

2

zwei

du

3

drei

trys

4

vier

keturi

5

fünf

penki

6

sechs

šeši

7

sieben

septyni

8

acht

aštuoni

9

neun

devyni

10

zehn

dešimt

11

elf

vienuolika

12

zwölf

dvylika

13

dreizehn

trylika

14

vierzehn

keturiolika

15

fünfzehn

penkiolika

16

sechzehn

šešiolika

17

siebzehn

septyniolika

18

achtzehn

aštuoniolika

19

neunzehn

devyniolika

20

zwanzig

dvidešimt

100

hundert

šimtas

1.000

tausend

tūkstantis

1.000.000

Million

milijonas

Zahlen - skaičiai

Englisch

anglų

Amerikanisches Englisch

amerikiečių anglų

Chinesisch (Mandarin)

kinų (mandarinų)

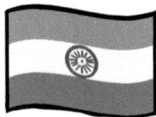

Hindi

hindi

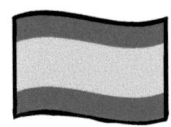

Spanisch

ispanų

Französisch

prancūzų

Arabisch

arabų

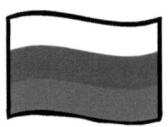

Russisch

rusų

Portugiesisch

portugalų

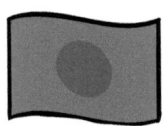

Bengalisch

bengalų

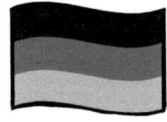

Deutsch

vokiečių

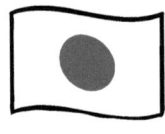

Japanisch

japonų

ich

aš

du

tu

er / sie / es

jis / ji

wir

mes

ihr

jūs

sie

jie

Wer?

kas?

Was?

ką?

Wie?

kaip?

Wo?

kur?

Wann?

kada?

Name

vardas

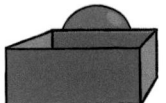

hinter

už

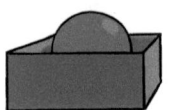

in

kur (vieta)

vor

priešais

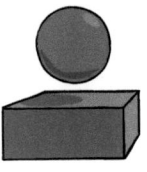

über

virš

auf

ant

unter

po

neben

prie

zwischen

tarp

Ort

vieta